K. O. Schmidt · Die Götter des Sirius

DIE GÖTTER DES SIRIUS

Kosmische Visionen

Ein Bericht
von
K. O. Schmidt

G. E. SCHROEDER-VERLAG
KLEINJÖRL bei FLENSBURG

INHALT

VORBEMERKUNG

„Wissen um das Wesentliche gewinnt man nicht von
außen, sondern nur von innen, und auch erst, wenn man
dafür reif geworden ist. Reif wird man durch die Er-
neuerung des Denkens und der Gesinnung – im Geiste
der Einheit und der Liebe.
Ein Schritt auf dem Wege nach innen kann das Herz
empfänglich machen für die Fülle der Gottheit und die
Weisheit des Alls."   *Fra Tiberianus*

Es ist für mich immer etwas Wunderbares, wenn ich eine
neue Arbeit von K. O. Schmidt im Manuskript lesen darf.
Und wenn ich es nicht nur lesen, sondern auch ein Vor-
wort dazu schreiben darf, ist es wichtig, daß ich zunächst
die ganze Gedankenwelt seines Buches in mich aufnehme
und auf mich einwirken lasse, um der Größe und Ausdehnung dieser geistigen Botschaft nahezukommen. Die Wahrheit ist oft wie ein Licht, in das wir schauen wollen; aber
da wir vorher im Dunkeln waren, sind wir zunächst geblen-
det und erst mit der Zeit gewöhnen sich unsere Augen daran, das Licht in seiner ganzen Helle und Stärke zu erfassen.

Wie ist eine Vision, wie sie in diesem Buch beschrieben
wird, möglich? Wie weit ist sie wahr?

Sind nicht alle Erfindungen begnadeter Menschen zuerst Vision gewesen und dann über Nacht Wirklichkeit geworden? Selbst in Märchen, Sagen und auch in großen
Opern und Dichtungen sind oft tiefste Wahrheiten ver-
borgen. Wir müssen sie nur wahrzunehmen verstehen. Wie

vieles wird uns symbolhaft mitgeteilt! Dabei sieht der eine nur einen Kreis, während der andere darin ein Sinnbild der Unendlichkeit und Ewigkeit erkennt, weil sein Geist tiefer und weiter sieht.

Ebenso ist es mit den großen Visionen. Die ersten Mondflüge geschahen nicht in Wirklichkeit, sondern im Geiste. Denken wir nur an das schöne Kinderbuch „Peterchens Mondfahrt" oder an Jules Vernes „Reise zum Mond"!... Heute ist der Mondflug bereits Selbstverständlichkeit, und Raketen erreichten bereits die Nachbarplaneten der Erde. Warum sollen wir nicht auch einmal bis zum Sirius gelangen?

Die Welt des Kindes ist, soweit sie noch unverdorben, eine Schatzkammer unbewußter Wahrheiten. Ebenso ist die Welt der Träume ein Zugang zu noch unoffenbaren Wahrheiten. Unser Körper kann sich nur im Räumlichen bewegen, aber der Seele sind keine Grenzen gesetzt. Sie kann sich über Raum und Zeit hinwegbegeben. Mancher hat das schon selbst erlebt. Auch daß der Traum uns oft Wahrheiten und Tatsachen bewußtmacht, von denen der Verstand nichts weiß, ist bekannt.

Daß eine Verständigung zwischen Menschen verschiedener Kulturen und Sprachen möglich ist, wissen wir aus der Verständigung Liebender, die sich auch ohne Worte verstehen. Warum sollte eine wortelose, gedankliche Verständigung nicht auch zwischen Wesen verschiedener Welten im Geiste der Liebe möglich sein?

Im Blick darauf werden wir uns zugleich der Verantwortung für unsere Gedanken und Gefühle der Umwelt gegenüber bewußt. Wie wesentlich ist es schon, mit welchen Gedanken wir abends schlafengehen, ob wir etwa unsere Seele durch das Lesen, Hören, Sehen von Greueltaten, Disharmonien, Verbrechen, Streit und Krieg an eine negative Gedankenwelt fesseln und dann am Morgen müde und abgeschlagen erwachen.

Wie anders ist es dagegen, wenn man abends als letztes Gedanken des Friedens und der Harmonie mit in den Schlaf hinübernimmt, so daß der Geist sich der göttlichen Welt der Liebe zuwenden und morgens, mit der Freude und Kraft einer lichteren Welt gestärkt, seinen Aufgaben nachgehen kann – im Zeichen liebevollen Dienstes am Nächsten.

Leben im Reich des Sirius gottähnliche Wesenheiten? Warum nicht? Was besagt es, daß wir nichts von ihnen wissen? Heißt es nicht auch von *uns*: „Ihr seid Götter"? Ist Gott nicht in uns und sind wir nicht in ihm? Es sind die Augen der Liebe, die das Wesentliche erkennen – sei es in einem Stein, einer Blume, einem Tier, einem Menschen oder einem Stern.

In diesem Sinne mag der vorliegende Bericht einer kosmischen Vision der Erweiterung des Geistbewußtseins bis in höchste Dimensionen dienen. Warum müssen Zukunftsromane zumeist von Streit und Krieg auf fernen Welten berichten, als herrsche dort die gleiche Unreife wie auf unserem Heimatplaneten? Gewiß kommt es der Wahrheit näher, wenn berichtet wird, daß in den geistigen Welten und unter höherentwickelten Wesenheiten ein Friede herrscht, den wir auf der Erde erst noch verwirklichen müssen.

Und sind Vergangenheit, Gegenwart und Zukunft nicht – im Lichte der Ewigkeit gesehen – eins? Was wir von der Zukunft erwarten, können wir schon heute in uns finden. In der geistigen Welt dehnen sich Zeit und Raum zur

Unendlichkeit. Ebenso unendlich ist unsere Welt, wenn wir sie mit liebenden Augen sehen. Tod und materielle Begrenzungen können eine Seele, die sich ihrer wirklichen Größe bewußt wird und liebt, nicht einengen.

Lernen wir lieben, so lernen wir schauen. Gott ist allgegenwärtig – in uns und im All. Für den, der sich dessen bewußt ist, ist auch die Vision der ‚Götter des Sirius‘ – in Liebe und Bereitschaft empfangen – Wirklichkeit und Wahrheit im göttlichen Plan und wert, mehr als einmal besinnlich und mit aufgeschlossenem Geist gelesen zu werden.

Dr. med E. Bierski

GELEITWORT

Die Erforschung der subatomaren Bereiche wie der Tiefen des Weltalls gibt uns Kunde von einem unbegreiflichen Universum, in dem wir uns befinden. Die Entwicklung der menschlichen Selbsterkenntnis wird von diesen Forschungsergebnissen in noch nie dagewesener Weise gefördert und beschleunigt.

Wir leben heute in einem Zeitalter der Großen Fragen. Aber alles Fragen tastet ins Leere, wenn wir uns nicht bereit finden, den Durchbruch von der Materie zum Geist zu vollziehen, von der Sinnenwelt zur Innenwelt. Denn die geistigen Wege sind es, die uns die mannigfachen Dimensionen des Universums erschließen.

Die phantastische Realität, die uns K. O. Schmidt in der hier vermittelten Wiedergabe eines Selbsterlebnisses nach- und miterleben läßt, weitet die gewohnten Grenzen des Raumes und der Zeit in unvorstellbarer Weise. Wir werden in die Lage versetzt, uns in die Vielfalt kosmischer Daseinsbereiche einzuleben und sie im Geist und Gedanken kühn zu überfliegen.

Es ist aber weit mehr als ein Dahingleiten auf den Flügeln der Phantasie, wie es zunächst scheinen mag: Es ist Rückschau durch die Schleier inkarnativer Vergangenheit und zugleich eine Vorausschau auf künftige Evolutionskreise, die sich unserem Vorstellungsvermögen noch entziehen.

Die Zeit beginnt zu reifen für den Empfang dieser geistigen Lichtstrahlen, die bis in letzte kosmische Fernen reichen und uns durch Bewußtseinserhellung die kosmische Herkunft und Größe unseres innersten Wesenskerns sichtbar machen. Sie sprengen den engen Rahmen unserer Alltagserkenntnis und machen uns unser spirituelles Potential bewußt, aus dem wir, wenn auch meist unbewußt, unaufhörlich schöpfen.

Das Innewerden des Verbundenseins allen Lebens im All durch das göttliche Band der Liebe vermittelt uns erregende und beglückende Einblicke in die kosmischen Lebenswelten.

In dieser großartigen All- und Zusammenschau wird uns bewußt, daß das All in uns ebenso unendliche Tiefen und die gleiche Lebensfülle umfaßt wie die Kosmen und Metakosmen um uns und daß alle Welten oben und unten, innen und außen unlösbar miteinander verbunden sind durch das ewige Liebeswirken der Gottheit:

> Wesen aller Welten weben
> am Geschick des großen Seins.
> Überall ist dienend Leben –
> eins im All und All im Eins.

Hermann Ilg

WIE DIESER BERICHT ENTSTAND

> „Zu allen Zeiten waren die Wenigen, die ein besseres
> Leben in der Zukunft für möglich hielten, es verkünden
> und danach streben, die eigentliche Seele der Kultur. In
> welche Richtung ihre Tätigkeit auch geht — die mensch-
> liche Gesellschaft kann diese Pioniere der Zukunft nicht
> entbehren. Sie fühlt sogar in ihrer stummen Gegenwart,
> was sie ihnen verdankt, und wäre es auch nur die Offen-
> barung der Tatsache, daß es höhere Ziele gibt als die
> Durchschnitts-Ziele der Gegenwart."   *Emerson*

Bis heute fühlen *wir Menschen* uns als die Herren des Lebens und der Welt. *Wir* waren es, die die Wunder des Lebens entdeckten, tausend Rätsel der Tier- und Pflanzenwelt lösten, die Geheimnisse des Mikro- und Makrokosmos
entschleierten und den Mysterien des Daseins nachspür-
ten...

... Vom jeweiligen Zentrum der Kultur in den einzelnen Epochen unserer Geschichte stießen wir in unerforschte Länder vor, entdeckten neue Völker, erkannten die Ku-
gelform unseres Planeten, eroberten die Pole, erfaßten
schließlich die Größe unseres Sonnenreiches, ermittelten
Aufbau und Ausdehnung unserer heimatlichen Sterneninsel, der ‚Milchstraße' oder Galaxis mit ihren Milliarden
Sonnenreichen, und sehen in dem unseren Teleskopen zu-
gänglichen Teil des Universums Abermillionen gleich ge-
waltiger Galaxien oder Spiralnebel bis in Lichtjahrmilli-
ardenferne ihre Bahnen ziehen.

Wir lernten, die Kräfte der Natur zu bändigen bis hinab zu den unvorstellbaren Energien, die in den Atomen schlummern. Wir entdeckten die Möglichkeiten der Raumfahrt und halten uns angesichts all dieser Fortschritte des Menschengeistes für die Herren der Welt.

*

Doch die größte Entdeckung steht uns noch bevor: die Erkenntnis, daß wir unsererseits längst von anderen höherentwickelten Bewohnern fremder Sternenwelten entdeckt wurden und beobachtet werden – von Wesenheiten, die überlegen mögen, wann es an der Zeit sein werde, die Bewohner der Erde in ihre Galaktische Gemeinschaft aufzunehmen und den Fortschritt der Erdenmenschen durch die Beteiligung an den geistigen und kulturellen Errungenschaften der zur Kosmischen Reife gelangten Wesenheiten der Galaxis zu beschleunigen...

... Zu dieser Entdeckung mag uns die Einsicht verhelfen, daß außerirdische Wesen seit Jahrhunderten *einzelne* Erdenmenschen, deren seelisch-geistige Konstitution für kosmische Gedankenwellen offenbar ansprechbar geworden war, in kosmischen Sichtbildern an dem teilnehmen und das vorausahnen ließen, was für die Erdenmenschheit den entscheidenden Wendepunkt in ihrer Entwicklung bedeuten wird: den Eintritt der Erde in die Galaktische Gemeinschaft.

Erste Auswirkungen dieses kosmischen Gedankenfunks waren phantasievolle Schilderungen außerirdischer Lebensmöglichkeiten, von Keplers ,Traum' bis zu Laßwitz' „Auf zwei Planeten"... Es folgte die Ufonen-Welle und fast gleichzeitig die der ‚Science fiction‘ – und ‚Space opera‘ Romane, in deren Zukunftsvisionen sich aber trotz spürbarer Ahnung außerirdischer Lebensmöglichkeiten nur zu oft Irdisch-Menschliches mischte und nur selten hier und da ein außerirdischer Erkenntnisfunke aufleuchtete. Immerhin ist hier ein Einbruch stellaren Denkens bemerkbar.

*

Doch es gab und gibt reinere Wiedergaben außerirdischer Wirklichkeiten und kosmischer Lebensmöglichkeiten:

Schon die alten Atlantier, Inder und Ägypter hatten Priester, die ihrer mehr oder weniger erwachten kosmischen Sinne wegen als *Astromanten* wirkten: als Erspürer kosmischer Willensimpulse und der Kräfteballungen der Planeten und Sonnen am Himmel.

Sie ahnten die Mannigfaltigkeit des Lebens im All und zeigten sich für tele-energetisch übermittelte Gedankenbilder kosmischer Wesenheiten empfänglich. Für sie war der Kosmos eine lebendige Einheit, die Planeten und fernen Sonnen offenbarten sich ihnen als fremde Lebensreiche, und möglicherweise geht auf ihre Erkenntnisse zurück, was seitdem als Astrologie weiterlebte.

Schon diese ‚Astromanten‘ vergangener Äonen raunten vom ‚Bewußtsein‘ der Sonnen und Planeten. Sie spürten Wesenszusammenhänge zwischen der ‚inneren Sonne‘ und dem leuchtenden Himmelsgestirn, zwischen ihrem innersten Selbst und dem All-Selbst der Gottheit...

... Einige von ihnen wurden Religionsstifter oder Propheten, andere entfalteten sich als Philosophen oder Dichter, Künstler, Erfinder und Entdecker neuer Horizonte –

auch wenn sie die kosmische Quelle ihrer Intuition kaum
erkannten.

*

Vielleicht bin ich einer der ihren, weil in früher Kindheit
– vor über 60 Jahren – eine Folge von *Visionen höherentwickelten kosmischen Lebens,* für das es keine irdischen Entsprechungen gibt, im Blickfeld meines Bewußtseins wie ein lebendiger dreidimensionaler Farbtonfilm ab-
rollte. Nur einen Teil dessen, was ich damals wahrnahm
oder zu schauen glaubte, habe ich später aufgezeichnet.

Diesen inneren Gesichten gingen seltsame Traumreihen
voraus, von denen nur eine erwähnt sei:

… Ich sah mich im Traum, dessen Scenen noch Jahr-
zehnte hindurch unverwischbar vor meinem inneren Auge standen, auf der Flucht vor einem saurierartigen Tier,
das wegen der dichtstehenden Bäume, unter deren Schutz
ich flüchtete, Mühe hatte, mir kleinem Wesen zu folgen…

… Auf dieser Flucht stolperte ich beim Rückwärtsblik-
ken unversehens über einen quer über den schmalen Wald-
pfad gefallenen Baum, wobei ich mit der Nase auf die
sechseckigen Blattnarben fiel, deren Bild mir unvergeßlich
blieb… Schließlich erhob ich mich und setzte die Flucht
fort, bis ich die Grenze des Waldes erreichte.

Und da sah ich in der Abenddämmerung in der Ferne
eine mit tausend Türmen himmelwärts strebende, gläsern
anmutende Metropolis, deren Gebäude in hundert Farben
von innen her zu strahlen schienen. Zwischen den Türmen
schwirrten winzige flugwagenähnliche Gebilde runden
Öffnungen zu, in denen sie verschwanden…

… In diesem Augenblick erlosch das Bild und fand

16

auch bei der Wiederkehr in weiteren Träumen keine Fortsetzung. Ich fühlte nur noch, wie ich in meinen Körper zurückschlüpfte, und war traurig, daß ich nichts mehr wahrzunehmen vermochte...

Die Erinnerung an diese Traumbilder trat Jahre später plötzlich hervor, als in der Schule, im erdkundlichen Unterricht, der Lehrer eine Tafel an die Wand hängte, die die Tier- und Pflanzenwelt der Karbon-Zeit der Erde zeigte. Unversehens wurde mein Blick von den auf der Tafel gezeigten *Siegelbäumen* gefesselt, und jäh brach es aus mir hervor: „Herr Lehrer, über einen solchen Baum bin ich gestolpert!"

Die spöttisch-ungläubigen Fragen des Lehrers beantwortete ich mit der Schilderung meines Traumes, die er aber mit einem Lächeln als Phantasiegespinst abtat, so daß ich seitdem nicht mehr davon zu sprechen wagte.

*

Damit komme ich zu den *kosmischen Gesichten*, deren Bilder mir nur im Anfang unverständlich waren. Das Seltsame aber, das mich hinterher und heute noch am meisten verwundert, war, daß ich auf das Geschaute und Erlebte nicht wie ein *Kind* reagierte, sondern wie ein *Erwachsener*. Es war mir, als ob eine aus früheren Leben mitgebrachte innere Wachheit durchbrach, so daß ich mir bei den Visionen und Gedanken-Dialogen wie ein zeitloses geistiges Wesen vorkam, das ja, wie mir später bewußt wurde, im Grunde *jeder Mensch* seiner innersten Anlage nach ist.

Mit dieser Erfahrung mag weiter zusammenhängen, daß ich mich seitdem als Fremdling fühlte, als ein durch seine Leibgebundenheit an die Erdenwelt Gefesselter, der sich vergeblich nach der Seligkeit der Leibfreiheit sehnte.

Nur ein Verlangen konnte ich von früh auf befriedigen, das Streben nach Mehrung meines himmelskundlichen Wissens.

*

Den eigentlichen kosmischen Visionen gingen einige andere Erfahrungen voraus, die kurz erwähnt seien:

Anfangs in Fieberträumen und Ohnmachten, später auch in Traumserien erlebte ich die ‚Ausdehnung‘ des Bewußtseins nach ‚oben‘ ins Kosmische und nach ‚unten‘ ins Mikrokosmische. Dabei sah ich einerseits die von ‚oben‘ angeschaute immer schneller kreisende Erde zu einem Rad, dann zu einer blaubunten Glasmurmel und schließlich zu einem Lichtpünktchen in einer metakosmischen Großwelt schrumpfen und andererseits ein Holzsplitterchen sich zu einem Universum mit Myriaden Sonnen ausdehnen . . .

. . . Einmal, als ich in Gedanken versunken über den Sand am Meeresstrand schritt, war es mir, als ob ich – selbst ein kosmisches Lichtgewebe aus schwirrenden Sternenheeren – über einem ‚Boden‘ schwebe, der sich in ein Gewoge von Milliarden lichtsprühenden Mikro-Universen auflöste, die mir von ‚unten‘ ebenso entgegenstrahlten wie die nächtlichen Sonnenheere des Alls.

Dieses Erlebnis war mit mehreren beglückenden Empfindungen verbunden:

Die eine war, als umspanne jeder Schritt, der für mein Ichbewußtsein nur ein flüchtiger Sekundenaugenblick war, für das Zeitbewußtsein der Mikro-Universen Jahrmilliarden.

Gleichzeitig fühlte ich mich als unfreiwilligen Empfänger weltenferner Gedankensendungen, die, ob sie für mich bestimmt waren oder nicht, mit dem Innewerden einer unvorstellbaren Fülle von Lebensformen auf Milliarden bewohnten Welten in allen Zonen des Mikro- und Makrokosmos verbunden waren.

Und das dritte war das Gewißsein, daß solche Gedankenverbindungen über jede kosmische Entfernung stattfanden, als ob die Grenze der Lichtgeschwindigkeit für sie keine Gültigkeit habe...

*

Was mich in späteren Jahren immer wieder beeindruckte, war die Feststellung, wie weitgehend die kosmischen Gesichte der Kindheit – vor über 60 Jahren! – mit dem heutigen astrophysikalischen Weltbild übereinstimmen, vor allem, was die Einbettung unseres durch Teleskop und Radar erschlossenen Universums in einen *Metakosmos* anlangt, weiter, daß es eine unendliche Zahl von Kosmen in *aufsteigender* Linie gibt dergestalt, daß jeder Kosmos – gerafft gesehen – Teil der Materie eines höherdimensionalen Universums ist, und daß in *absteigender* Linie ebenso die unseren Augen als fester Stoff erscheinende Materie sich ihrerseits als subatomares Universum aus unzähligen Galaxien mit je Milliarden Mikrosonnenreichen enthüllt.

Aber von diesen Visionen und von der gedanklichen Verbindung mit Wesenheiten, die ich später gleichnisweise die „*Götter des Sirius*" nannte, wagte ich in meiner Kindheit nicht einmal meinen Eltern etwas zu sagen. Ich machte mir lediglich Notizen, die ich erstmals wieder zur Hand nahm, als im Herbst 1927 die kosmischen Gesichte im Zusammenhang mit der Berührung des inneren Lichts erneut aufblitzten.

Frucht dieses zweiten Erlebens waren die 1928 erschienenen zehn „Bücher des Flammenden Herzens", in denen ich (in Band 8 bzw. in Band IV der fünfbändigen 3. Auflage) im Tao-Abschnitt „Vom Einssein mit dem Weltengeist" die Erfahrung des Hinausschreitens aus der Enge der *Ichheit* in die unendlichen Weiten der mikro- und makrokosmischen *Allheit* beschrieb.

Ich schilderte dort, wie im Erwachen kosmischer Bewußtheit Zeitalter und galaktische Räume zum *Hier und Jetzt* zusammengerinnen, wie sich Sekunden zu Äonen dehnen und wie noch im kleinsten Sonnenstäubchen ein Wunderreich kosmischer Kleinstwelten aufschimmert.

„Milliarden Sonnen" – schrieb ich dort – „einen sich zu einer Galaxis strahlendem Ring. Millionen Galaxien aber bilden erst eine Sterneninsel, Stoffstäubchen einer größeren Welt... Doch auch dies Groß-All ist nicht Letztes, sondern selbst wiederum nur ein Stäubchen im Geist-Stoff einer parakosmischen Allwelt...

...Die Universen reihen sich zu Atomen abermals größerer Welten, und die Atome zu neuen Universen. Und jedes bildet eine unendliche Vielheit von Myriaden anderer tiefer Welten... Unendlich diese Kette aufwärts und abwärts – kein Ende dieser All-Unendlichkeit..."

*

Ein schwaches Echo der kosmischen Visionen der Kindheit erlebte ich im Herbst 1941. Und da geschah es, daß ich erstmals einem Freunde davon sprach, der mir dann riet, das Geschaute und Erlebte, da es auch ihm unmöglich schien, es mit dem Anspruch, für wahr genommen zu werden, zu veröffentlichen, in die Form eines romanhaften Berichts einer Weltraumfahrt zu kleiden.

Ich folgte dem Rat, und es entstand der 420 Seiten umfassende Roman „Die Götter des Sirius". Jedoch war es damals und später des großen Umfangs wegen unmöglich, den Roman in einem Verlag unterzubringen.

Weil er unveröffentlicht blieb, machte ich fünf Jahre darauf, 1946, den Versuch, praktische Konsequenz aus dem innerlich Geschauten dergestalt zu ziehen, daß ich die verschiedenen Entwicklungsepochen der Sirius-Wesen, wie sie mir gezeigt wurden, auf die *Menschheit* übertrug: In einem Band „Die Zukunft der Menschheit", der im Isis-Verlag erschien und längst vergriffen ist, versuchte ich in Form einer ‚Reise durch die Zeit' die Evolution des Menschen von der Urvergangenheit her bis heute und seinen weiteren Weg zum Übermenschen der Zukunft, zum Geistmenschen der Fernstzukunft und zum All- und Gottmenschen künftiger Jahrmillionen aufzuzeigen.

Andeutend sprach ich dabei auch von den Möglichkeiten interstellarer Kontakte und davon, daß die Tore des Kosmos sich jeden Augenblick auftun könnten – vielleicht auf ganz andere Weise, als wir Menschen es erwarten.

*

Schon vorher hatte ich in der Literatur Umschau gehalten, ob vielleicht andere ähnliche Gesichte oder Berührungen mit außerirdischen Wesenheiten erlebt hatten.

Auf verwandte Gedanken stieß ich bei Blaise *Pascal* (1623–1662) und anderen Mystikern in Ost und West, weiter bei dem französischen Astronomen Camille *Flammarion* in seinem zuerst 1862 in Paris erschienenen Werk über die Vielzahl der bewohnten Welten, das an die fünfzig Auflagen erlebte, und schließlich bei dem Anthropologen *Teilhard de Chardin* (1881–1955), dessen Gedanken über die Entwicklung des Lebens bis zum ‚Punkt Omega‘ als Früchte kosmischer Kontakte erscheinen, als Folgen unbewußter Berührung mit der von ihm als ‚*Noosphäre*‘ bezeichneten Ebene kosmischer Bewußtheit – ähnlich wie die Siriusbewohner mir als ‚Noodynamiker‘ erschienen...

1971 gab ich dann als weitere Frucht einstiger Schau im Drei-Eichen-Verlag das Bändchen „Der kosmische Weg der Menschheit und das Wassermann-Zeitalter“ heraus, das vom Aufbruch des Menschen ins All handelt, vom möglichen Leben auf anderen Welten und künftigen kosmischen Kontakten sowie von der Evolution des irdischen Menschen vom heutigen homo sapiens zum künftigen homo superior und schließlich zum homo universalis...

*

Daß es, verglichen mit der irdischen Kultur und Zivilisation, weit vollkommenere Naturkulturen im Kosmos gibt, war für mich seit meinen Gesichten in der Kindheit, als noch kein Mensch an Fernsehen, Raketen, Atomreaktoren und Raumfahrt dachte, selbstverständlich.

Heute sprechen führende Physiker, Astronomen und Philosophen davon, daß ein Großteil der Milliarden Sonnen unserer heimatlichen Galaxis und gleichermaßen in den Milliarden anderen Galaxien im All von Planeten begleitet wird und daß ein Teil dieser Planeten lebensfreundliche Oberflächenverhältnisse aufweist und Möglichkeiten zur Entfaltung intelligenten Lebens bieten mag.

Wiederum ein Teil dieser Welten mag von Wesenheiten bewohnt sein, die uns Erdenmenschen in bezug auf geistige und technische Entwicklung, Naturbeherrschung, Raumfahrt- und Kommunikationsmöglichkeiten weit voraus sind.

Für mich waren solche Stimmen beglückende Bestätigungen des mir längst Bewußten, so, wenn Bernhard *Lovell*, Leiter des radioastronomischen Observatoriums Jodrell Bank in England, schrieb: „Wir müssen uns mit der Vorstellung vertraut machen, daß höhere Wesen irgendwo im All existieren und daß sie vielleicht ein kulturelles Niveau erreicht haben, das für uns unvorstellbar ist", – oder wenn der Astronom Fred *Hoyle* seiner Überzeugung Ausdruck gab, daß es „im Kosmos Zivilisationen gibt, die schon Millionen Jahre alt sind, und daß über weite kosmische Räume ein Senden und Empfangen von Mitteilungen stattfindet, ohne daß wir daran teilhaben."

Seit einiger Zeit suchen nicht nur die Amerikaner, sondern auch die Russen mit Hilfe von Radioteleskopen nach Signalen außerirdischer Intelligenzen und nach Möglichkeiten interstellarer Kontaktnahme...

...Aber Radio- und Lichtwellen sind keine geeigneten Mittel zur Erlangung solcher Kontakte, weil sie zu langsam sind. Nur die *Überlichtgeschwindigkeit paramentaler Geistwellen* ermöglicht eine zeitunabhängige interkosmische Kommunikation.

Ich glaube, daß die ‚Götter des Sirius' und andere hochentwickelte Wesenheiten um irdische Kontaktversuche in der Art der ‚Operation Ozma‘ wissen, aber aus den im weiteren ersichtlichen Gründen auf allgemeine Kontaktaufnahme mit uns vorerst verzichten, weil uns Menschen die dafür unerläßliche kosmische Reife fehlt.

Sie fehlt uns, solange wir Erdenmenschen noch nicht einmal die *planetarische Reife* erlangt haben, deren Kennzeichen die geistige, politische, soziale und wirtschaftliche *Einung der Menschheit* ist.

Erst eine in sich geeinte Menschheit hat nach Erreichung der planetarischen Reife begründete Aussicht, auch die *kosmische Reife* zu erlangen und im Erwachen von immer mehr Menschen zum Kosmischen Bewußtsein der überbewußten geistigen Einheit und des gemeinsamen Fortschritts allen Lebens im Universum lebendig inne zu werden.

Für mich besteht das *allen* Wesen im Universum *Gemeinsame* vornehmlich darin, daß *Leben* überall gleichbedeutend ist mit ständigem Wachstum und Fortschritt und zunehmender Geistbewußtheit, daß also alle Wesen auf stete *Vervollkommnung* angelegt sind, weiter, daß ihr innerster Wesenskern ein geistiges Kraftfeld ist, als solches unzerstörbar und zudem Teil eines metakosmischen Urkraftfeldes, und schließlich, daß diese und andere Gemeinsamkeiten mit der Zunahme der geistigen Reife, dynamischen Religiosität und kosmischen Bewußtheit immer klarer erkannt werden und im gleichen Maße der Wille zu globaler, galaktischer und universaler Einheit und Zusammenarbeit wächst.

Als beglückend empfand ich es seit je, daß auch uns Menschen die Möglichkeit offensteht, bei fortschreitender Aktivierung unseres Denkvermögens und unserer noch weithin unentfalteten seelischen Sinne und geistigen Fähigkeiten zu *kosmischer Bewußtheit* zu gelangen und, wenn dies erreicht ist, mit Wesenheiten anderer Welten geistigen und physischen Kontakt aufzunehmen in gegenseitiger interstellarer Achtung, Duldung und Zusammenarbeit in Frieden und Freiheit.

*

Wann und in welcher Form die Menschheit dazu gelangen wird, hängt weithin davon ab, ob und wann sie, zu innerer Einheit gelangt, jene geistig-ethische Entwicklungsstufe erreicht, auf der die spirituelle Kommunikation mit hochentwickelten Wesenheiten anderer Welten möglich wird.

Einstweilen haben wir Erdenmenschen auf der kosmischen Evolutions-Skala noch nicht jenen Reifegrad erreicht, der für Kosmokontakte Voraussetzung ist.

Das war vorauszuschicken, damit der folgende Bericht kosmischer Visionen recht verstanden werde.

Trotzdem mag, was ich als Kind schaute und erlebte und hier gerafft in der Sprache von heute wiederzugeben versuche, vielen noch unverständlich und unglaubwürdig erscheinen. Mögen sie es als bloße Denkanreize nehmen oder – wie in anderem Zusammenhang dargetan – als Hinweise auf die möglichen künftigen Schritte der *Menschheit* auf dem tausendstufigen Höhenwege zur Vollkommenheit, auf dem uns einst lebendiger als heute bewußt werden wird, was Erleuchtete und Vollendete seit je kündeten:

„Ihr seid allzumal Götter und Kinder der Gottheit, die euch ruft, euch zu ihr zu erheben!"   KOS

DIE GÖTTER DES SIRIUS

DER FERNE WILLE

So begann es:

Nacht um mich ... Schwarz quoll Finsternis aus Abgrundtiefen empor und schlug über mir zusammen. Doch obwohl ich nichts sah, war mir, als sei ich aus einem Traum erwacht und in leibfreie tiefere Wirklichkeit entsunken ...

Dann war es, als flammten in unendlichen Fernen winzige Lichtlein auf, deren Zahl wuchs, bis ich mich allseitig von unbewegten Sternen-Heeren umgeben sah, in denen ich mir wie ein Stern unter Sternen vorkam.

... Nie zuvor fühlte ich mich so allein und all-eins zugleich: einsam und Same des Einen ...

Ringsum gewahrte ich Sternbilder des Tierkreises, die langsam vorüberzogen, bis ich spürte, wie ich von einem Sternen-Dreieck angezogen wurde, das, wie mir später bewußt wurde, von Prokyon im ‚Kleinen Hund‘, Sirius und Beteigeuze im ‚Orion‘ gebildet wurde, wobei *Sirius* an der ‚unteren‘ Ecke des Dreiecks an Helligkeit zuzunehmen schien ...

In der Tat: Sirius rückte näher und wurde strahlender, indes ein neben ihm schwebendes Sternchen von weißem Glanz erkennbar wurde. ... Während die beiden Sonnen immer heller leuchteten, traten winzige Funken hervor, die vorher nicht zu sehen waren – wohl die Planeten dieses Doppelsonnenreiches.

Doch schon wich der in blendendem Glanz funkelnde Sirius zur Seite – und einer der Planeten-Funken rückte mir näher, wuchs zu einer leuchtenden Scheibe, bis er, im Schwinden der Sternenlichter, das ganze Blickfeld erfüllte und Einzelheiten seiner Oberfläche unter streifigen Wolkenfeldern wahrnehmbar wurden.

Und dann schien der Planet sich zu drehen, wobei zarte Umrisse gleichmäßig gegliederter Landschaften mit unzähligen Seen lautlos vorüberschwebten, während Meere und Gebirge zu fehlen schienen.

Zauberhaft war der Licht- und Farbwechsel in der Dämmerungszone dieser Fremdwelt, der zwei Sonnen leuchteten. Unerklärlich aber die über die Nachtseite verteilten kreisrunden Lichtzonen, in deren Zentrum es fast so hell war wie auf der Tagesseite...

Zu weiteren Beobachtungen blieb mir keine Zeit. Ein Teilstück der bezaubernden Szenerie im Dämmergürtel des Planeten, von dunklen Flecken und Linien durchzogen, schien näher zu rücken... Ein See schob sich nach vorn, an dessen Ufer, vor einem breiten Platz, unter himmelhohen baumartigen Gewächsen ein gläserner Würfel sichtbar wurde, der von innen heraus leuchtete...

...Im gleichen Augenblick war es mir, als schaue ich aus dem Innern des kristallenen Gebäudes auf die unbewegte Fläche des Sees hinaus. Durch irgend etwas veranlaßt, wandte ich mich neugierig um. Gegenstände wurden im Raum um mich sichtbar, deren Zweck ich nicht erkannte... Aber mehr als von ihnen wurde ich jäh vom Anblick eines Wesens überrascht und gefesselt, das das beklemmende Gefühl in mir auslöste, einem Engel oder Gott gegenüberzustehen.

...Im ersten Moment ergriff mich das Verlangen, mich zu verflüssigen und im Boden zu versickern. Aber dann ließen die majestätische Größe dieses Wesens, das Erhabene seiner Züge, das Bezwingende seines Blicks und die warmen Liebeswellen seines Geistes in mir eine übermächtige Regung stummer Ehrfurcht aufquellen.

Was mich am meisten erschütterte, war, daß dieses Wesen unverkennbar Menschenform besaß, aber offensichtlich entwicklungsmäßig weit höher über uns Menschen stand als wir über dem Urmenschen vor Millionen Jahren. Zugleich aber beglückte mich das Gefühl, daß die Menschenform auch auf anderen Welten im All einen der Gipfelpunkte der biologischen Entwicklung bildet – wenngleich das unter den Myriaden Wesensformen im All eine Ausnahme sein mochte.

Das altgriechische Ideal der Kalokagathie – der Synthese alles Edlen und Schönen – schien mir in der mächtigen Wölbung des Schädels und der hohen Stirn, in den willensgeladenen und zugleich unendlich gütigen Gesichtszügen, den abgrundtiefen Augen, ja in der ganzen ätherischen, weniger körperlich, sondern mehr überräumlich-innerlich anmutenden und wie von einem lichten Flimmer umspülten Gestalt dieses hohen Wesens in harmonischer Einheit verkörpert.

Gegenüber diesem Wesen kam ich mir wie ein unentwickkelter materiegebundener Zwerg vor...

Nun wandte es sich mir zu: Seine strahlenden Augen, die eine andersartige Sonne und ein längerer biologischer Entwicklungsgang doppelt so groß werden ließ wie die des Erdenmenschen, blickten mich an, als sähen sie bis in die verborgensten Abgründe meiner Seele, während ich das Gefühl hatte, als versinke ich beim Anblick dieser Augen in einen grundlosen Lichtsee.

Ich empfand die Allmacht des geistigen Kraftfelds dieser Wesenheit und fühlte zugleich die Nähe ihrer Gedanken, die so eindringlich und verständlich waren, als redeten sie in meiner Sprache zu mir, um mir bewußtzumachen, daß mein Heimatstern ‚Erde‘ nur *eine* unter Billionen Entfaltungsstätten vernunftbegabter Wesen sei und daß alle von fortgeschritteneren Wesen bewohnten Welten im Universum eine hierarchisch gegliederte geistige Einheit bilden.

Als das Wesen sich bewegte, glich sein Gehen mehr einem Gleiten, als sei die Schwerkraft, die uns Erdenzwerge mit stählernen Ketten an den Boden fesselt, von ihm überwunden. Sein Gang weckte Erinnerungen an mein sanftes Dahinschweben in Flugträumen, in denen ein Wunschimpuls genügte, um mich in Kirchturmhöhe emporzuschwingen ...

Was mich im weiteren am nachhaltigsten beeindruckte, war die Entdeckung, daß seine Gedanken in meinem Herzen ein so lebendiges Echo fanden. War es die ‚Sprache der Geister‘, die für alle all-erwachten Wesenheiten die gleiche ist?

Schon beim ersten Innewerden seiner Gedanken überflutete mich das beseligende Gewißsein, in einer Weise *daheim* zu sein, wie ich es in meiner krankheits- und leidendurchwirkten Kindheit noch nie empfunden hatte. Es war, als fielen tausend anerzogene Gehemmtheiten von mir ab.

Die geistige Atmosphäre, das psychische Kraftfeld dieses Wesens, war fast physisch fühlbar: als *Wille*, dem sich gleichzurichten Beglückung bedeutet. Ich begriff, daß der Weg des Gedankens von Seele zu Seele der eigentliche, unmittelbare Weg gegenseitigen Verstehens ist, der durch Wort, Schrift und Bild ein mittelbarer.

Während dieser ‚geistigen Zwiesprache' spürte ich den Strom der Gedankenbilder, die mir bewußt machten, daß diese gottgleiche Wesenheit mich als ‚suchende Seele' ansprach. Sich selbst nannte sie *Samana*. Die Sonne, die mir zehnmal so hell zu strahlen schien wie unsere Sonne und die uns als Sirius* bekannt ist, heißt *Jiva*, ihre kleine weißstrahlende Schwestersonne *Anu*. Ihr Heimatplanet, auf dessen Boden ich stand, heißt *Maha*, wie sich auch dessen Bewohner nennen.

Der Name ‚Samana' sei, wie ich verstand, zugleich

---

* Vielleicht auf Grund früherer kosmischer Kontakte genoß der *Sirius* oder ‚Hundsstern' bei den alten Ägyptern hohe Verehrung. Weil er zur Zeit des ägyptischen Sonnenfestes wieder am Horizont auftauchte und als ‚Bote der Götter' galt, wurden ihm zu Ehren Tempel erbaut, deren Eingang genau auf die Stelle am Horizont gerichtet war, an der Sirius wieder sichtbar wurde.

So war der Hathor-Tempel zu Dendera dem Sirius geweiht, und eine Tempelinschrift sprach von dem feierlichen Augenblick, in dem die Siriusstrahlen erstmals im Jahre wieder das Tempelinnere berühren und einen schwachen Lichtschein auf das Isis-Bild des Altars werfen, was als glückverheißendes Zeichen begrüßt wurde: „Die Herrscherin des Himmels, Isis-Sothis-Sirius, hat ihre Wohnung betreten und sich mit ihrem göttlichen Abbild vereinigt."

Uns Heutigen ist vom Sirius (Alpha Canis major) bekannt, daß er als Hauptstern des ‚Großen Hundes' 8,8 Lichtjahre von uns entfernt ist und sich unserem Sonnensystem mit einer sekundlichen Geschwindigkeit von 8 km nähert. Er gehört zu den größeren Sonnen im Bereich des ‚lokalen Sternsystems', und zwar in bezug auf Gewicht und Größe wie auf Temperatur und Helligkeit. Er hat die 26fache Helligkeit unserer Sonne, seine Oberflächentemperatur beträgt etwa 13 500 Grad Celsius, ist also höher als die unserer Sonne.

Der lichtschwache winzige Begleiter des Sirius (Sirius B), der nur ein Zehntausendstel der Helligkeit des Sirius besitzt, ist einer der sog. ‚weißen Zwerge', deren Inneres trotz ihrer Kleinheit zehnmal so heiß ist wie das Innere unserer Sonne. Er wurde 1862 von dem amerikanischen Optiker Alvan Clark an der auf Grund der minimalen Schwankungen in der Sirius-Bahn errechneten Stelle entdeckt. Obwohl diese Miniatursonne kaum zwanzigmal größer ist als die Erde, enthält sie dreihunderttausendmal so viel Materie wie sie, die zehntausendmal so ‚dicht' ist wie die des Erdballs, weil Atome und Elektronen hier so kompakt zusammengepreßt sind, daß kein freier Raum zwischen ihnen vorhanden ist. Könnten wir die Materie eines Wolkenkratzers durch Zertrümmerung ihres Atomgefüges auf gleiche Weise zusammenpressen, würde seine Masse in einer Streichholzschachtel Platz haben.

Kennzeichnung seiner Stellung in der Maha-Gemeinschaft und bedeute so viel wie ‚Astromant und Willensdynamiker‘, worunter ich mir zunächst nichts vorzustellen vermochte.

Samanas weitere Erklärungen wurden mir unverständlich, und ich fühlte, wie in seinen Augen etwas wie Mitleid aufschimmerte. Er schien mir zu bedeuten, daß er mit Rücksicht auf meinen schwächlichen Erdenkörper die Verbindung unterbrechen müsse...

...Eben noch leib- und schwerefrei, fand ich mich unmittelbar darauf erwacht im Bett in meinem wie gelähmt daliegenden Körper wieder – fern der Seligkeit des Verbundenseins mit einem Wesen, von dem ich nun wieder durch unendliche kosmische Fernen getrennt war...

DIE MAHA

In einer folgenden Nacht lag ich lange halbwach und starrte im Dämmerlicht des Zimmers auf einen Punkt an der Wand. Der Punkt schien zu schimmern, wurde zum Funken, zum Licht, das hin und her wogte und sich immer schneller bewegte, bis mein Blick dem in elliptischen Bahnen wirbelnden Feuerrad nicht mehr zu folgen vermochte.

... Unversehens wandelte sich der Flammenkreis in ein riesiges Licht-Auge, das mich mit seinem einwärtsgerichteten Blick in sich hineinsog ...

... Wieder der Sturz ins Dunkle des Nichts – bis in der Finsternis ringsum ferne Lichtfunken aufdämmerten und ich mich allseitig vom Gewoge der Sternenheere umgeben sah.

Doch diesmal war ich nicht allein, denn in mir wurde eine mir schon vertraute Stimme laut: „Fürchte dich nicht, wenn du in kosmischer Wesensweitung der Größe der heimatlichen Sterneninsel inne wirst!"

Plötzlich war es, als sehe ich durch Millionen Augen, deren jedes ein anderes Bild planetarischer Welten erfaßte. Zugleich weitete sich mein Blick – oder mein Bewußtsein – ins Unendliche:

Was sich wie ein zartes Schleiergewebe über die Sternenheere breitete – die heimatliche Milchstraße mit ihren hundert Milliarden Sonnen –, schrumpfte sichtlich zu einem kreisenden Feuernebel, der von kosmischen Ausmaßen zur Größe einer Kinderfaust zusammensank und sich mit unzähligen anderen gleichfalls schrumpfenden Galaxien zu einer größeren Einheit vereinte: zu einem nicht näher erkennbaren Teil eines Über-Universums...

...Doch auch dies Über-Universum begann sich, wie in einer Implosion, zu einem dimensionslosen Lichtfleckchen zu verkleinern, zu dem sich wiederum gleichartige Gebilde gesellten, die wie Moleküle einer Zelle im Organismus einer metakosmischen Wesenheit oder Gottheit anmuteten...

Ich spürte kosmische Nervenbahnen, die Zellenreiche miteinander verbanden, und hatte während des Bruchteils eines Augenblicks das Gefühl, selbst nur ein dahinblitzender Gedanke dieser Überwesenheit zu sein. –

Ich weiß nicht, wie viele Male diese fortschreitende Wesensweitung in immer höherdimensionale Kosmen vor sich ging, die zu begreifen mir unmöglich war. Denn das Pendel der Expansion schien nach sekunden- oder äonen-langem Stillstand zurückzuschwingen, so daß der myriadenfachen Ausdehnung eine gleich stürmische ‚Eindehnung‘ folgte – bis ich mich den Augen Samanas gegenübersah und fühlte, daß dieses ganze Ewigkeitsgeschehen nur einen Augenblick gewährt haben konnte.

Um mich herum gewahrte ich wieder das unbewegte Strahlen ferner Sonnen der mir vom Erdenhimmel her vertrauten Sternbilder, unter denen nur die des ‚Orion‘ und des ‚Großen Hundes‘ verändert schienen.

Und dann vernahm ich in meinem Herzen Samanas Stimme:

„Mit dem Kraftfeld deines Wesens weilst du jetzt im Herzen des Alls. Denn wo du auch bist, ist des Universums Mittelpunkt. Auch in der Endlosigkeit der Welten bist du nirgends verlassen; überall ist das *Ewige* in dir, um dich und mit dir. Überall berühren dich liebende Gedanken unzähliger Wesenheiten. Wo immer sie auch auf der Evolutionsskala stehen mögen – ihrer aller Sehnen und Streben folgt wie das deine dem Zug zum Ewigen."

Mein Herz antwortete mit freudig dankenden Gedanken: „Wie gewaltig ist das Heer der Sterne! Auf Erden versäumen wir Menschen zumeist, uns beim Anblick des Himmels der Größe des Universums bewußt zu werden. Und wenn wir schon hinaufblicken, gewahren wir nur ein paar tausend ferne Sonnen... Hier aber, in der Einsamkeit des Raumes, sehe ich mich inmitten eines myriadenfachen Sonnengestöbers und spüre auf Milliarden Planeten, die die Sonnen umkreisen, unendlichfaltiges *Leben,* mir innerlich verwandt. Was bedeuten die kleinen Sorgen und Nöte, die vergänglichen Schmerzen und Wonnen der Erdenmenschen gegenüber der unabsehbaren Fülle kosmischen Lebens..."

Als Mensch kam ich mir eintagsfliegenhaft vor – ein Nichts im All. Doch von den Gedanken Samanas inspiriert und ermutigt, wurde ich mir bewußt, daß der Mensch trotz seiner Winzigkeit einen göttlichen Funken in sich trägt, der ihn befähigt, die Größe des Universums zu erfassen, sich seiner Stellung im All und seiner Sendung bewußt zu werden.

Ich fühlte, daß ich, im All-Dom der Weltengottheit schwebend, *Dem* nahe war, der diese Sternenheere und alle Wesen im All ins Dasein rief. Es war, als spräche der Geist der Welten hier, in der Stille der Unendlichkeit, vernehmlicher als im lärmreichen Umkreis der Erde zu mir von der Geborgenheit allen Lebens im Schoße der Weltengottheit.

*

In meiner Erinnerung mögen manche Lücken sein; denn als ich mich unversehens erneut Samana gegenübersah, standen zwei Maha an seiner Seite, deren Gedanken auf und in mich einströmten.

Der eine nannte sich offenbar *Turiya* und war seiner ‚Ersttätigkeit‘ nach eine Art ‚Xenopsychobiologe‘ (Fremdwesenkundiger); der andere, *Ljana,* dessen Name ihn als ‚Kosmomoderator‘ (All-Regler, universaler Ordnungswächter) kennzeichnete, bedeutete mir, daß diese ‚Namen‘ keine Eingrenzungen seien, da jeder Maha, vielgleisig produktiv, mehrere Tätigkeiten ausübt, sondern lediglich der hervorstechenden geistigen Wirksamkeit Ausdruck geben.*

Diese Wesens-Hauptmerkmale spiegelten sich im Antlitz der drei: Während ich in *Samana* die Verkörperung eines Willenskraftfeldes von universaler Wirkweite sah, empfand ich *Turiya* als Träger einer alle Geheimnisse des Lebendigen durchschauenden Vernunft, *Ljana* als ‚geistigen Kybernetes‘ (computer-überlegenes, steuerndes Machtzentrum) und als Gedankenimpulsgeber. Alle drei muteten mich an wie geistige Architekten, die seelische Energien und Schicksalsbaustoffe nach ihrem Willen wirken lassen.

Aber der in mir auftauchende Gedanke meiner Winzigkeit ihnen gegenüber wurde sogleich ausgelöscht:

„Auch du bist, wie alle deinesgleichen, Träger göttlich-kreativer Potenzen, wenn diese auch noch weithin unent-

---

* Hier sei bemerkt, daß ich seltsamerweise bei dieser geistigen Berührung und auch weiterhin unmittelbar erfaßte, was mir gezeigt und erklärt wurde. Hinterher jedoch, während meiner Kindheit, verstand ich nur einen Bruchteil des Aufgenommenen. Und *heute* vermag ich nur unzulänglich mit technischen Hilfswörtern das einst Geschaute zu umschreiben. Man möge die unzureichende Wiedergabe der Eindrücke meinem Unvermögen anlasten, völlig Fremdartiges mit unzulänglichen Worten meiner Muttersprache wiederzugeben.

faltet sind. In eurer Evolution werden die mentalen Energien als Katalysatoren die Entwicklung beschleunigen. Und später werdet ihr erkennen, wie die Wesenheiten im All miteinander korrespondieren, und werdet lernen, diese euch noch unbewußte Verbindung von Seele zu Seele zu einer bewußten zu machen und über die Schranken des Raumes und der Zeit hinweg mit verwandten Wesen oder kollektiven Wesenszentren in geistige Kommunikation zu treten."

„Aber im Gegensatz zu uns Menschen" – dachte ich – „seid ihr Maha kosmische Kraftdenker und Willensmeister, während unser Denken und Tun noch zielunbewußt abläuft. Um so glücklicher bin ich, daß ihr mich befähigt, euren Gedanken zu folgen. Dabei wird mir die hohe Ethik eurer Kultur bewußt, die ichhaftes Denken ausschließt, wenn jeder Gedanke sich allseitig unmittelbar den anderen Wesen mitteilt... Um so begieriger bin ich, eure Welt kennenzulernen."

Es war, als lächelten die Maha, während sie bereits meinem noch unbestimmten Wunsch entsprachen.

*

... Unvermittelt nahm ich wahr, wie sich vor mir im Raum ein Sichtbild der Maha-Welt formte, in der sich die Sonne, Jiva, und ihre kleine Schwestersonne, Anu, von Planeten umschwirrt, langsam um einen gemeinsamen jiva-nahen Mittelpunkt bewegten. Ich nahm auf, daß *eine* solche Bewegung der beiden Sonnen umeinander sich in fünfzig Erdenjahren vollzieht.

Der Planet Maha selbst schien dabei um beide Sonnen in

Form einer Doppelschlinge zu schwingen, die immer neue Lagen einnahm. Und dann gewahrte ich beim Näherrücken der Maha, daß zwei Tag- und Nacht-Arten einander abwechseln: bei ‚Volltag‘ sind Jiva und Anu über dem Horizont, während Jiva allein bei ‚Halbtag‘, Anu allein bei ‚Halbnacht‘ über dem Horizont stehen. ‚Vollnacht‘ herrscht, wenn beide den Antipoden leuchten. Doch es war mir unmöglich, ein zutreffendes Bild der Bewegungsgesetze in dieser Zweisonnenwelt zu gewinnen...

Das Nächste, was mir auffiel, war, daß sich in den schneefreien Polarzonen der Maha die gleiche Vegetation breitete wie in den anderen Zonen des Planeten.

Meine fragenden Gedanken wurden dahin beantwortet, daß die Maha seit Äonen überall die gleichen klimatischen und ökologischen Verhältnisse geschaffen haben und daß die von unzähligen Seen und Kanälen durchzogenen rotgrünen Vegetationsflächen keine Waldungen seien, sondern Riesengärten, über die gläserne Würfel in allen Größen verstreut schienen: die Wohn- und Wirkstätten der Maha.

*

Meine Neugier mag zu dem plötzlichen teleportationsähnlichen Szenenwechsel geführt haben; denn unversehens sah ich mich mit den drei Maha inmitten der phantastischen Pflanzenwelt dieses Planeten – unter riesigen kakteenartigen Gebilden, die je nach dem Blickwinkel verschiedenfarbig getönt schienen und in ihrer bizarren Ornamentik wie Traumgeschöpfe anmuteten.

Neben blütenübersäten braunen Walzen standen rote pilz- und seesternförmige Pflanzen, zwischen denen sich lebende Girlanden zu ringeln schienen, an denen Fruchttrauben in bunter Fülle hingen. Andere Pflanzen wirkten in ihrer schimmernden Weiße wie kunstvolle Eisbomben oder Porzellanplastiken. Daneben breiteten sich vielmeterhohe Pflanzenkolosse, die wie zerklüftete Miniaturgebirge oder blühende Korallenkolonien wirkten.

Die eigenwilligen Gestaltungen dieser Pflanzenkäuze erschienen mir als Verkörperungen architektonisch-dekorativer Einfälle des Schöpferwillens der Natur und zugleich als Produkte einer hunderttausendjährigen Bio-Kultur der Maha, der wohl die Formenfülle ihrer Früchte zu verdanken war.

Ein Gedanke wurde mir zugestrahlt: „Alle diese Pflanzenschwestern haben sich in planmäßiger Züchtung im Verlauf langer Zeitalter zu dem entwickelt, was sie heute sind: intelligente Ernährer der Maha".

*

Mitten in diesem Rausch der Formen, Farben und Düfte wurde mir jäh bewußt, daß die Maha sich mit mir und auch untereinander gedanklich verständigen, was in mir die Frage nach der *Sprache* der Maha auslöste.

Sofort wurde mir Antwort dahingehend, daß Kommunikation und Information auf drei Weisen vor sich gehe: unmittelbar durch Gedankenimpulse, mittelbar durch Wort und Schrift.

Die von räumlicher Entfernung unabhängige gedankliche Kommunikation gleicht etwas dem, was wir Menschen als ‚inneres Zwiegespräch' kennen, bei dem sich unser Bewußtsein in zwei und mehr miteinander diskutierende Ichs teilt, nur daß bei den Maha das ‚Vielgespräch‘ zwischen verschiedenen Wesen statthat.

Während die Maha ihre Gedanken auf dem ‚inneren Wege‘ austauschen, dient ihnen das Mittel des *Worts* nur im Bereich der Information und der Erziehung, wie auch ihr *Schriftgut* der Wissensvermittlung dient. Offenbar zur Demonstration des von mir Aufgenommenen griff Samana in den Raum und hatte plötzlich eine Art Fächer in der Hand, den er als ‚phytopädagogische‘ Arbeit Turiyas bezeichnete, die, wenn ich ihn recht verstand, von der ‚Intensivierung photochemischer Fähigkeiten bestimmter Pflanzen zur Bildung neuartiger Aufbaustoffe‘ handelte.

Der Fächer – offenbar Buch und Lesegerät in einem, von Samana als ‚Ontoskop‘ (Seins- und Wissensseher) bezeichnet – entfaltete sich, und ich gewahrte ein Gewirr kurzer mehrfarbiger Linien, die *Turiya* Formeln, Gleichungen und ‚Ideostenogramme‘ nannte. Ich begriff, daß, was auf der Erde in einem Lehrbuch eine Seite einnimmt, hier auf eine kleine mehrfarbige Kurve reduziert ist, die verwickelte Zusammenhänge optisch wie phonetisch auf einen kleinsten Nenner bringt.

Und ein Willensimpuls schien zu genügen, um Facette um Facette des ‚Fächers‘ sichtbar zu machen.

Als dann Turiya einen Satz in der Vieltonsprache der Maha erklingen ließ, wurde ich fast betäubt von der Fülle der Impressionen, die unverstanden auf mich einstürmten. Was blieb, war ein rauschartiges Gefühl der Musikalität der Sprache.

*

Der bedeutungsreiche Vielklang der Sprache war es wohl, der meine Neugier auf die Musik der Maha richtete. Auch dieser Nebengedanke wurde augenblicklich beantwortet, und zwar von *Ljana*, der durch rhythmische Bewegungen der Finger geisterhafte Harmonien zum Ertönen brachte, die er das ‚Sonnenlied der Maha‘ nannte:

Unirdische Sphärenklänge von unvorstellbarer Traumschönheit schwangen durch den Raum – es war, als mische sich der leise Hall ferner Glocken mit dem Schluchzen Tausender Geigen und dem mächtigen Ton zahlreicher Vibraphone zu einer berauschenden All-Symphonie...

... Und während die Musik gleichsam wie aus unendlichen Tiefen heraufdrang und in endlose Höhen enteilte, erstand vor meinen Augen das Bild der von tausend flammenden Sternen umgebenen hellglänzenden *Jiva*, deren Lichtfluten in mächtigen Wogen zu den Planeten strömten und ihnen tausendfaches Leben schenkten...

... Wie die Töne einer Riesenorgel schwang der Dank der Geschöpfe für das Strahlengeschenk der Sonnengöttin in den Raum zurück – beglückende Offenbarung des Licht-Entsprungenseins und der inneren Sonnenhaftigkeit aller Natur und Kreatur.

In machtvollen Vibrationen, in denen tausend helle Stimmen mitzujubeln schienen, klang das Sonnenlied aus, die Ewigkeit allen lichtgeborenen Lebens siegfroh kündend. Dann verdämmerten die Töne, als zögen sie sich gleich den in den Raum enteilenden Sonnenstrahlen in die Tiefen des Alls zurück. –

Indes schien Samana zu fühlen, daß die mich zutiefst ergreifenden Symphonien mich überwältigten...

... Ich fühlte noch, daß er mein Aufnahmevermögen

für überfordert hielt und weitere Aufschlüsse zurückstellte, als es auch schon dunkel um mich wurde ...

Im gleichen Augenblick war ich wohl in meinen Körper zurückgeschlüpft. Ich öffnete verwundert die Augen und sah, daß es Morgen geworden war.

IM KREISLAUF DER JAHRMILLIONEN

Dunkel ringsum, das mich zu erdrücken schien. Dann zuckte ein Blitz, der die Finsternis in blendende Helle verwandelte. Im gleichen Augenblick war es mir, als weite sich die Kaumbewußtheit meines Menschseins in die Überbewußtheit meines Geistseins.

Mit dem Blitz sprang die Erinnerung auf an das zuvor Geschaute – und der Wunsch, mehr über die Entwicklungsgeschichte der Maha zu erfahren, Einblicke in die Kulturperioden zu gewinnen, die sie im Laufe der Äonen durchschritten haben mochten. Entfacht wurde dieses Verlangen durch die trostvolle Verheißung der Maha, daß wir Erdenmenschen in ferner Zukunft der ihren ebenbürtige Evolutionsstufen erreichen würden...

... Wie zur Bestätigung dieser Hoffnung hörte ich in mir eine Stimme raunen, bei der das Bild Ljanas vor meinem inneren Auge erstand:

„*Wir* sind Verkörperungen der Machtfülle des Weltengeistes. *Du* bist ein Mensch – eurer Sprache nach ein ,denkendes Wesen' – und als solcher gleich uns eine Inkarnation des Ewigen. Die Gestaltwerdungen des Allgeistes umfassen unendlich viele Stufungen, unter denen auch die höchsten noch weit entfernt sind von absoluter Vollkommenheit. Der bisherige kosmische Entfaltungszeitraum ist ein winziger Bruchteil der Zukunft. Doch sind alle Wesenheiten dem Weltgeist gleich nah und gleich lieb."

In diesem Augenblick geschah es, daß ich mich, wohl

durch einen Willensimpuls Ljanas, in eine Umgebung versetzt sah, halb Gartenlandschaft, halb Museum voll unbegreiflicher Dinge. Unmittelbar vor mir ein ‚Ontoskop‘ (Seinssichtgerät und Retroskop in einem), zu dem der Maha bemerkte:

„Die Erdenmenschen stehen in der frühen Morgendämmerung ihres kosmischen Werdegangs. Wir Maha befinden uns im Sonnenaufgang der Selbstvollendung. Vor uns wie vor unzähligen geistverwandten Wesenheiten im All liegt noch der ganze Tag immer umfassenderer Entfaltungsmöglichkeiten und Vollkommenheiten – ein Tag, dessen Dauer auch wir nicht abzusehen vermögen.

Von dem, was hinter uns liegt, mag das Ontoskop dir einiges sichtbar machen, soweit dein Verständnis für die biodynamischen, psychoenergetischen und physischen Wandlungen reicht..."

*

Die Einschränkung war berechtigt, denn was folgte, war ein Feuerwerk von Impressionen, von Einblicken in eine Kaskade des Aufstiegs, von deren Szenenfolge ich nur einen Bruchteil aufzunehmen imstande war, weshalb ich nur in zusammenhanglosen Einzelbildern aufschimmern lassen kann, was sich mir trotz der Fremdartigkeit des Geschauten einprägte.

...Das erste war die fast körperliche Nähe einiger Maha der Längstvergangenheit, die aus dem Nichts hervorzutreten schienen und, wie mir bedeutet wurde, als ‚Biodynamiker‘ mit Problemen der psychosomatischen Veredelung befaßt waren. Schon für sie war der Lebensprozeß kein kalo-

risches, sondern ein energetisches, bioelektrisches Phäno-
men, da sie den Körper nicht chemisch-physiologisch als
‚Organismus‘ sahen, sondern als ‚Dynamismus‘: als ent-
wicklungsfähiges Lebenskraftfeld.

Dabei wurde mir bewußt gemacht, daß es damals um die
qualitative Verfeinerung des Denkorgans wie um die des –
wenn ich's recht verstand – ‚allopsychischen Gesinns‘ ging,
dessen Sitz oder Organ etwa dem Sonnengeflecht im Men-
schenkörper entsprechen dürfte, und um die Entfaltung
neuer Sinne – durch Einwirkungen, die Ljana als ‚Psych-
urgie‘ bezeichnete.

Die stark gerafften Szenen ließen erkennen, wie sich die
Körper der Maha im Lauf der Äonen zu immer vollkommeneren Werkzeugen des Geistes und zu lebendigen Spie-
geln der kulturellen Reife wie der inneren Harmonie und
Schönheit gestalteten.

Wie nebenher fing ich dabei Gedanken auf, nach denen
unsere Sinne im Vergleich zu denen der Maha-Ahnen nur
einen Bruchteil der optischen, akustischen, chemischen, bio-
psychischen und kosmischen Strahlungsfülle wahrnehmen,
weshalb wir nicht sehen, daß in Wirklichkeit alles strahlt
und alles Lebendige seine wesenseigene vielfarbig bewegte
‚Aura‘ (Strahlungsfeld) aufweist. Ich begriff nur, daß die
Welt schon für die der Natur und dem All inniger verbundenen Ahnen der Maha hundertmal reicher, bunter, umfas-
sender sein mochte als für uns noch sinnenstumpfe Erdenmenschen ...

*

Weitere Bilder aus der Frühgeschichte der Maha sollten wohl ihren Schritt von der äußeren ‚Organisation' des Gemeinwesens zu einer von innen her bestimmten ‚Harmonisation' verdeutlichen.

Wenn ich es recht verstand, haben die Maha im Gegensatz zu uns Menschen die Epoche der naturumgestaltenden Technik übersprungen und durch ihre ‚Biodynamik' einerseits die intelligenten Bildekräfte der organischen Welt in den Dienst der Höherentwicklung gestellt und andererseits durch die Meisterung dessen, was sie die ‚Urkraft' nennen, auch die Materie nach ihrem Willen geformt.

(Schon damals lag die geistige Führung der Maha-Gemeinschaft offenbar in den Händen eines ‚Kulturadels', dessen Mitglieder Ergebnisse einer durch Hunderttausende von Jahren fortgesetzten Auslese der Edelsten waren, die auch die äußeren Wandlungen des Planeten lenkten, wie sie in den weiteren Szenen erkennbar wurden.)

Die Umgestaltung ihrer Umwelt war unfaßbar gewaltig und begann anscheinend mit der durch Einsatz der ‚Urkraft' bewirkten Einflußnahme auf das glutflüssige Innere des Planeten dahingehend, daß ein Niveauausgleich zwischen Hochländern und Meeresboden erfolgte.

Die weiteren Szenen zeigten, wie mit der Senkung und Einebnung der Gebirge eine Hebung des Bodens der beiden großen Ozeane einherging, wobei sich Natur und Lebenswelt ohne erkennbare Erschütterungen den neuen Verhältnissen anzugleichen schienen.

Die für mein Auffassungsvermögen allzu schnell ablaufenden Bilderfolgen machten sichtbar, wie die aus dem Meer aufsteigenden Landgebiete kultiviert wurden, wie die beiden Ozeane allmählich in eine Unzahl durch Kanäle verbundener Seen umgewandelt wurden, bis die früheren Kontinente zu einem einzigen Festland zusammenwuchsen und, wie Ljana mir zu verstehen gab, eine ökologische Stabilität erreicht war, die die Konzentration aller Kräfte auf die Höherentwicklung des Lebendigen ermöglichte...

*

Mit dieser Umwandlung ihres Planeten hatten die Vorfahren der Maha die Voraussetzung geschaffen für die Lösung weit größerer Aufgaben, wobei der weise Einsatz verschiedener ‚Modifikationen der Urkraft‘ Störungen der Harmonie in den Naturreichen auszuschließen schien.

Ob es mit dieser Metatechnik der Maha zusammenhing oder ob es sich um eine angeborene Fähigkeit ihres Wesenskraftfeldes handelte, war mir nicht klar: Ich meine das, was Ljana dem Sinne nach als ‚Abarie‘ bezeichnete und was auf der Erde nur einigen Heiligen und Yogis zugeschrieben wird: die Fähigkeit der Levitation.

In den historischen Szenen fiel mir auf, wie der Gang der Maha gleitender, schwebender wurde. Es war, wenn ich es recht aufgenommen habe, der im Zuge ihrer Entwicklung immer dynamischer gewordene *Wille* der Maha, der sie die Schwerkraft meistern ließ. Das sei, wie Ljana andeutete, eine natürliche Begleiterscheinung kosmischer Reifung.

*

Im nächsten Augenblick wurde meine Aufmerksamkeit auf etwas gelenkt, was der Maha als ‚Phytopädagogik‘ und

,Phyturgie' umschrieb: Seine Gedanken sprachen von bio-
energetischen Richtkräften, die die durch die beiden Sonnen dieser Welt bedingte erhöhte Sensibilität der Pflanzen
ansprächen, so daß durch gezielte Mutationen ein Höchst-
maß an Vollkommenheit im Wachstum und Fruchttragen
der Pflanzen erreicht wurde.

Dabei wurde mir bewußt gemacht, daß die Maha, die
seit je nur pflanzliche Nahrung zu sich nahmen, auf die
Pflanzen-Psychen dahingehend tendenzbildend einwirk-
ten, daß diese immer mehr Früchte hervorbrachten, die jene Lebensstoffe im optimalen Mischungsverhältnis enthiel-
ten, die den Maha die Erhaltung der körperlichen Harmonie sichern ...

Unfaßlich aber blieb mir, was Ljana über die nuancen-
reiche Sprache der Pflanzen bemerkte und an Hand von
,Phytogrammen' (pflanzlichen Biorhythmen und Empfin-
dungskurven) sichtbar machte: daß bei allen Entfaltungs-
impulsen die Integrität der einzelnen Pflanzen und Pflan-
zensymbiosen gewahrt blieb ...

... Bei Betrachtung dieser und der weiteren Szenen empfand ich hingegen immer deutlicher die alle Eingriffe in
Natur und Leben bestimmende hohe Ethik der Maha, die
stets auf die Harmonie und das Wohl des Ganzen abzielte.

Meine stumme Frage wurde zu meiner Beschämung dahin beantwortet, daß das, was auf der Erde noch vorherr-
sche – der persönliche und kollektive Egoismus der Menschen, Parteien, Völker und Staaten –, hier seit je unbe-
kannt war, wie es hier offensichtlich auch nicht das gab und
gibt, was wir Menschen unter ,Besitz' oder ,Eigentum' verstehen.

... Eigenbesitz sei nur das ,innere Gut', und hier strebe

jedes Wesen nach höchstem Reichtum, der es befähige, dem Gesamtwohl am vollkommensten zu dienen.

Ich empfand diesen Zustand als eine Art ‚Aristosozialität'. Im Gegensatz zum irdischen Kampf ums Dasein herrscht hier ein Wettstreit der Wesen um die Erringung immer höherer Vollendungsstufen zum Besten aller.

*

Vielleicht vom letzten Gedanken ausgelöst, sah ich mich unvermittelt in etwas versetzt, was Ljana als ‚Stellarium' charakterisierte, in dem er mir einige Einblicke in die kosmonautische Vergangenheit vermitteln wolle.

Unwillkürlich dachte ich an die in uns Menschen schlummernde Sehnsucht, uns einmal von der Erde zu lösen und uns zu den Sternen zu erheben. Aber ein Gedankenimpuls Ljanas schien mir zu bedeuten, daß die Maha zu keiner Zeit durch chemischen oder atomaren Raketenantrieb bewegte Raumschiffe kannten. Am Anfang der Raumfahrt standen bei ihnen ‚Adhäsoren': kreiselförmige Flugwagen, bei denen interstellare Kraftströme lichtschnelle Raumreisen ermöglichten.

Nach kurzer Übergangszeit folgten diesen kugelförmige Raumer, die mit Hilfe der Urkraft unendlichfache Überlichtgeschwindigkeit erreichten. „Der Urkraftozean des Weltraums verbindet Sterne, Galaxien und Metagalaxien untereinander und ermöglichte schon den Ahnen kosmische Fernfahrten, bei denen die Faktoren von Raum und Zeit bedeutungslos waren."

Mit höchster Spannung verfolgte ich die blitzschnell ablaufenden Szenen, in denen die Maha die kraft- und leben-durchpulsten Weiten des Universums durcheilten und sich den verschiedenartigen ökologischen Bedingungen anderer Welten und den mannigfachen All-Strömungen und -Strahlungen scheinbar mühelos anglichen.

„Du siehst hier nur einen Bruchteil der Wirklichkeit", schränkte Ljana meine Begeisterung über das Geschaute ein, „weil deinen Geistes-Augen die Wahrnehmungsbreite unseres kosmischen Gesinns fehlt. Sonst würdest du das unendlichfache Leben in den Räumen des Alls und die geistigen Impulse der Gestirne spüren. Und dir würde dann aufgehen, daß nicht nur Planeten und Sonnenwelten, sondern auch die Sterneninseln beseelte Meta-Organismen sind – lebendige Gruppenwesen höherer Ordnung, metaorganismische Wesenskraftfelder mit besonderer psychischer Struktur, die jeweils Milliarden auf ihnen sich entfaltenden Wesenheiten ein ihnen geistverwandtes Leben ermöglichen ...

... Wenn einmal im Erwachen kosmischer Bewußtheit auch in euch Menschen der ‚Allnerv‘ aktiv wird, wird für euch das Wissen um ferne Lebensreiche anderer Welten zur ‚erweiterten Heimatkunde‘ werden, wie es schon bei unseren Ahnen der Fall war. Und dann wird euch bewußt werden, wie die Himmelskörper durch ihre physikalischen und metapsychischen Kraftfelder mannigfach miteinander verbunden sind und daß eine wechselseitige geistige Kommunikation unter den sie bewohnenden Wesenheiten statthat.

Für uns, die wir die Epochen der Raumfahrt längst hinter uns haben, spannt nicht nur der Gedankenfunk unzerstörbare Brücken von Welt zu Welt und von Sterneninsel zu Sterneninsel, der alle fortgeschritteneren Wesensreiche zu einer universalen Strebensgemeinschaft verbindet; uns führt, wenn wir es wünschen oder die Entwicklung auf anderen Welten es geboten erscheinen läßt, die willentliche Wesensversetzung von Stern zu Stern.

... Doch ich sehe, daß ich zu viel verlange, wenn ich dein Verständnis dafür erwarte, daß das Universum ein grenzenloses Meer von Bewußtseinszentren und Lebenskraftfeldern ist, ein geistdurchpulster Metakosmos, der selbst wiederum nur Teilorgan des Allwillens der Weltengottheit ist...

... Unmöglich für dich, den ständigen Lebensrausch kosmisch erwachter Wesen mitzuempfinden, die wissen, daß ihr ‚Sternenleib‘ – das Unvergängliche in ihnen – dem gleichen Geiste entsprungen, verwandt und wesenseins ist, der in allen biodynamischen Raumfeldern, allen Universen zugleich plant und wirkt..."

*

Dann ist unser ‚Wachbewußtsein‘ eigentlich ein Schwachbewußtsein, ein halber Schlaf, dachte ich, verglichen mit der Bewußtseinshelle der Maha.

„So ist es", antwortete ein Gedanke Ljanas. „Ihr Menschen gewahrt zumeist nur eure materielle Umwelt, während ihr die hundertstufigen Ebenen höherer geistiger Wirklichkeiten kaum ahnt. Darum ist für euch noch unfaßbar, daß die Bezirke des Lebens und des Todes ein einziges Reich ineinanderschwingender, einander durchdringender Seins- und Bewußtseinssphären sind, in denen es nichts Totes gibt und in denen alles Leben sich nur wandelt, um in höheren Formen wiederzukehren...

...Am Ende laufen alle Entwicklungsreihen, mögen sie in den kosmischen Sphären und Seinsdimensionen noch so weit voneinander entfernt scheinen, auf den höheren Ebenen des Metakosmos mehr und mehr zusammen, um sich im Dämmer der Zeitlosigkeit schließlich im Herzen der Weltgottheit zu vereinen..."

Doch es wurde mir unmöglich, der Bilderfülle, die Ljana vor mir abrollen ließ, und seinen Erläuterungen weiter zu folgen und ihren Sinn zu erfassen.

Und schließlich war es mir, als versinke alles im Dämmer des Unbewußtseins – wie ein Traum vor dem Erwachen verschwimmt und verweht.

„GEHIRN DES KOSMOS"

Ob Tage oder Wochen zwischen dem zuletzt Erlebten und
den ihm folgenden Gesichten lagen, weiß ich nicht. Innerlich aber war mir's, als reihe sich eine Vision unmittelbar
der nächsten an.

... Als ich mich erneut im Dämmer des ‚Halbtages', im
fahl-weißen Schein des Anu, Ljana gegenüber sah, schien
er mich trösten zu wollen, indem er auf meine geheimsten
Gedanken antwortete, indes meine Blicke von den im Ontoskop sichtbar werdenden Himmelsbildern gefesselt wurden:

„Wie du siehst, ist eure Erde wie die Maha und die anderen Welten, die schweigend ihre Bahnen ziehen, im All-
schoß der Weltengottheit geborgen. Auch die Menschen
stehen – vorerst nur einzelnen unter ihnen spürbar – mit
allem Leben im All in innerer Verbindung. Ihre Gedanken
schwingen hinaus und finden Antwort, wie du es erfahren
hast und andere vor dir.

Es gibt keine Isolation im All.

Wenn die Menschen einst die erste Stufe kosmischer Bewußtheit erklommen haben, werden ihre Geistsinne sich
regen; sie werden ihrer Gaben und Aufgaben innewerden,
und die derzeit kaum geahnte Verbindung mit Lebensbereichen anderer Welten wird zu einer bewußten werden ...

... In jener Zukunft werden die Menschen gleich uns auf
die tausendfachen kosmischen Gedankenwellen, Willens-
strömungen und Wesensstrahlungen ansprechen, die uns mit
verwandten Wesenheiten in allen Fernen des Weltalls ver-
binden. –

Aus den zuletzt geschauten Szenen hast du bereits erkannt, wie wir auf Geistwellen aus kosmischen Fernen so unmittelbar antworten wie ein Mensch auf ein gesprochenes Wort. Uns geben die kosmischen Biostrahlen jede gewünschte Kunde über andere Gestirne, ihre Beschaffenheit und ihre ökologischen Verhältnisse wie über die Kulturhöhe, Denkweise, Reifestufe und Entfaltungsrichtung ihrer Bewohner, weiter über den Grad ihrer geistigen Verwandtschaft mit uns – die mit der jeweiligen Körperform dieser Wesenheiten nichts zu tun hat – und über die Möglichkeiten gegenseitigen Erkenntnisaustausches."

„Wie geschieht diese Wahrnehmung?" war mein fragender Gedanke, der sofort Antwort fand:

„In uns ertönen immerfort Stimmen aus dem All. In unserem Bewußtsein leuchten die Bilder fremder Denkwelten auf. Unser Allnerv empfängt die Botschaften ferner Lebensreiche, wobei wir uns mit wachem Verantwortungsgefühl des jeweils zu deren Wohl Wirkbaren bewußt werden...

...Aber ob wir nun den psychobiologischen Evolutionsstand fremder Wesenheiten ertasten oder ihnen bei der Aktivierung latenter spiritueller Kräfte und Fähigkeiten brüderliche Hilfe leisten, oder ob wir an irgendeinem der unzähligen Grenzpunkte unseres Erkenntniskreises ins noch Unerforschte vorstoßen oder sonst eine der tausend Aufgaben erfüllen, die unsere Maha-Gemeinschaft jedem einzelnen stellt – immer ist unsere Sicht und unser Wirken weit entfernt von dem, was du göttliche Allmacht und Allvollkommenheit nennen würdest."

*

Wiederum überwältigte mich ein Gefühl der Sehnsucht angesichts der gewaltigen Perspektiven, die Ljanas Gedankenbilder und die des Ontoskops meinem Blick eröffneten. Und mein stilles Verlangen ging dahin, mehr über die Rolle der Maha zu erfahren, die mir trotz der von Ljana zum Ausdruck gebrachten Einschränkung als All-Wächter erschienen.

... Für mein Begreifen war es so, als habe die Weltengottheit das Großreich der Maha als Geistes- und Willenszentrale für alles Leben im Universum vorgesehen: als *Gehirn des Kosmos* – oder gar als sein Herz.

Voller Ehrfurcht wertete ich jeden Maha als lebendige Zelle dieses All-Gehirns mit jeweils besonderen Fähigkeiten und Funktionen, die aufs feinste auf die der anderen Gehirnzellen abgestimmt schienen. Ich sah die Gedanken- und Willensstrahlen der Sirius-Wesen als ordnende und steuernde Impulse in alle Weiten des Alls hinausschießen*.

Im Zusammenhang damit aber erhob sich in mir auch die Frage, warum die Maha dann nicht schon längst in die

---

* Viele Jahre später stieß ich beim Durchforschen des einschlägigen Schrifttums, zu dem meine Erlebnisse mich drängten, auf ein Wort von Immanuel *Kant* in seiner „Allgemeinen Naturgeschichte und Theorie des Himmels", das mir wie ein Gedankenimpuls der Maha vorkam:

Kant gab dort der Vermutung Ausdruck, daß „der *Sirius* in dem System der Sterne, die die Milchstraße ausmachen, der zentrale Körper sei und den Mittelpunkt einnehme, auf den sie sich alle beziehen" – eine Annahme, für die Kant eine Reihe Überlegungen anführte. In kosmophysikalischer Hinsicht irrte Kant, aber kosmobiologisch gesehen entsprachen seine Worte meiner Schau.

Eine weitere Entdeckung löste später einen Schock in mir aus, und zwar waren es die prophetischen Worte in *Hölderlins* „Hyperion":

„... Und so wanderten wir, Diotima und ich,
Wie Schwalben von einem Frühling der Welt zum andern,
Durch der Sonne weites Gebiet
Und darüber hinaus an des *Sirius* goldene Küsten
Und in die Geistertale des Arktus ..."

durch Ichsucht und Intoleranz, blutige Aggressionen und grausige Kriege gekennzeichnete Entwicklung der Erdenmenschheit eingriffen...

Ljana schien zu lächeln, als er mir bedeutete, daß ich den Sinn der Macht der Maha und die damit verbundene Allverantwortung verkenne:

„Wir sind keineswegs das steuernde Gehirn des Kosmos, wie du wähnst, sondern nur willige Diener des Ewigen, denen es unmöglich ist, in die Entwicklung der Wesensreiche anderer Welten einzugreifen, solange diese nicht aus *eigener* Kraft die geistige Kontakte und gegenseitige kosmische Hilfe erst ermöglichende *All-Reife* erlangt haben.

Jedes Lebensreich muß seinen eigenen Weg der Selbstwerdung und Selbstverwirklichung seinen Gaben und Aufgaben gemäß *in Freiheit* gehen. Erst nach erfolgter innerer Einung und nach dem allgemeinen Erwachen zu kosmischer Bewußtheit kann die der planvoll gesteuerten Höherentwicklung dienende interstellare Kommunikation mit geistverwandten Wesenheiten erfolgen...

...Wohl können wir über kosmische Weiten hinweg auf den Evolutionsgang verwandter Wesensreiche helfend einwirken, *nachdem* sie die kosmische Reife erlangt haben – aber auch dann nur auf deren Verlangen, mit ihrer Zustimmung und in lebendiger Gemeinschaft mit ihnen im Geiste gegenseitiger Förderung.

Nur insoweit berührten deine Gedanken die Wirklichkeit.“

*

Ljana mochte wohl mein immer noch geringes Verständnis für das zuletzt Vermittelte erkannt haben, denn er suchte mir offenbar im weiteren beizubringen, daß bei allen Entscheidungen der Maha etwas mitwirkt, was uns Menschen noch abgeht und was er als ‚kosmischen Kausalsinn‘ oder Schicksalssinn umschrieb:

„Bei allem, was wir an Gedankensendungen anderer Welten aufnehmen, sehen wir vermöge unseres Kausalsinns die Kraftlinien des Geschehens gewissermaßen doppelt: Einmal nehmen wir die Wesen und Dinge, Umstände und Tendenzen wahr, wie sie sich aus Eigenem weiterentwickeln werden, zum anderen, wie sie werden können, wenn wir dem fremden Wunsch entsprechen und in dieser oder jener Weise helfend eingreifen.

Verstehe das recht: Sowie wir eine bestimmte Möglichkeit helfenden Mitwirkens ins Auge fassen, spürt unser Kausalsinn sogleich den Wegen nach, die die Wesen, Dinge und Geschicke alsdann einschlagen werden. So können wir unzählige Möglichkeiten erwägen und die jeweiligen schicksalhaften Auswirkungen voraus-gewahren, um dann endgültig den einen Weg einzuschlagen, der dem Wollen und Streben wie dem Evolutionstrend der betreffenden Wesenheiten entspricht und die bestmögliche Entwicklung der Dinge sichert." –

Bei diesen Gedanken fielen mir unwillkürlich einige Fälle ein, die man in meiner engeren Heimat auf der Erde als ‚zweites Gesicht‘ bezeichnet, bei dem wie in einem dunklen Spiegel nahendes Verhängnis ahnend vorausgeschaut oder fernes Geschehen passiv miterlebt wurde.

Doch sogleich spürte ich das *Nein* Ljanas.

„Was wir sichten, ist keine dumpfe Teilhabe an fremdem Denken und Erleben, sondern gleicht dem normalen Sehen des Menschen: Wie du beim Dahinschreiten einen fer-

nen Gegenstand näherrücken siehst, so sieht unser Kausalsinn jene Zukunft auf uns zukommen, die wir infolge der
schicksalhaften Einheit allen Lebens mit dieser oder jener
Maßnahme auslösen würden...

...Aber diese Schicksalsschau ist begrenzt. Doch können wir, wenn uns ,Zukünftiges' als wesenungemäß und
evolutionswidrig bewußt wird, ihm zuvorkommen, indem
wir andere Wege wählen oder sich Anbahnendes in Richtung auf das Wohl aller abwandeln."

„Aber dann seid ihr Maha doch in gewissem Sinne göt-
tergleiche Schicksalslenker", dachte ich.

„Nur bis zu einem gewissen Grade", schränkte Ljana
ein. „Kosmische Gesetzmäßigkeiten können wir nicht auf-
heben oder uns ihnen entziehen. Wir können immer nur
allverantwortungsbewußt in Reifeprozesse höherlenkend
eingreifen – im Dienste des Gesamtentwicklungsplans des
Weltenwillens, soweit er sich uns erschließt."

Das ist doch, dachte ich, etwas Ungeheures, wenn die
Maha einzelne Glieder der unzähligen Ketten von Ursa-
chen und Wirkungen, die in Richtung der Zeit nebeneinan-
der herlaufen und untereinander verknüpft sind, in ihren
inneren Verflechtungen durchschauen und durch ihr Eingreifen in das Netz der Geschicke die Kausalverknüpfun-
gen dann so abändern, daß das Geschehen den von ihnen
gewollten bestmöglichen Verlauf nimmt. Also – schloß ich
meinen Gedankengang – sind die Maha im Vergleich zu
uns Menschen doch wahrhaft *Götter*.

„Keineswegs!" war die sofortige gedankliche Antwort
Ljanas, „jedenfalls nicht in dem Sinne, wie die Erdenmenschen von ,Göttern' als allmächtigen Weltenlenkern sprechen. Als Inkarnationen des Weltengeistes sind wir nur Die-

ner der Gottheit, wache und willige Werkzeuge des Geistes des Lebens, dem Ewigen etwas näher als die ihrer Gottunmittelbarkeit noch unbewußten Bewohner deines Planeten...*

...Für unseren wachen Kausalsinn ist das ganze dem Menschen sichtbare Universum, wie schon dargetan, Teil eines von schöpferischen Kräften durchpulsten und gelenkten metakosmischen Organismus – mit all seinen Strahlungs- und Wandlungsprozessen eine lebendige Verkörperung göttlicher Weisheit und Harmonie – ein biodynamisches Wunderwerk von für euch Menschen unvorstellbaren Ausmaßen, wie du noch sehen wirst – und dabei doch nur *eines* von ungezählten ähnlichen Lebensbereichen, die allesamt in einen unsichtbaren Hyperkosmos eingebettet sind, dessen Größe nur die Satya zu ermessen vermögen...

...Und über den Hyperkosmen spannen sich abermals höhere Einheiten des lebendigen Universums, von denen selbst die Satya sagen, sie wüßten ihre Größe nicht..."

*

Ich war beglückt, daß Ljana nochmals auf meine fragenden Gedanken über die Macht der Maha zurückkam – wohl um dem Mißverstehen auf meiner Seite vorzubeugen.

* Auch dieser mir zugestrahlte Gedanke wurde, wie ich später entdeckte, schon von Immanuel *Kant* erwogen, als er schrieb:
„Die Gottheit ist in der Unendlichkeit des ganzen Weltenraumes allenthalben gleich gegenwärtig; allenthalben, wo Naturen sind, welche fähig sind, sich über die Abhängigkeit der Geschöpfe zu der Gemeinschaft mit dem Höchsten Wesen emporzuschwingen, ist es gleich nahe. Die ganze Schöpfung ist von den Kräften der Gottheit durchdrungen; aber nur der, welcher so edel ist, einzusehen, daß in dem Genusse dieser Urquelle aller Vollkommenheit die höchste Staffel der Glückseligkeit einzig und allein zu suchen ist, *der* allein ist fähig, sich diesem wahren Beziehungspunkte aller Trefflichkeit zu nähern" und, möchte ich fortfahren, dem Willen der Gottheit gemäß zu handeln.

„Je nach der von uns geforderten interstellaren Hilfe vermögen wir die Fernwirkung des Kraftfeldes unseres Willens in Gleichschaltung mit dem All-Willen zu steigern.

Der *Wille* ist die eigentlich bestimmende und gestaltende Kraft im Universum. Er ist mächtiger als die Schwerkraft. Denn diese nimmt im Quadrat der Entfernung ab, während die Verwirklichungskraft des Willens mit der Wiederholung der Tat-Impulse zunimmt und durch keine Entfernung gemindert wird.

Schon die Lichtstrahlen der Sonne wirken auf die Materie der sie umschwirrenden Planeten und Monde umwandelnd ein. Aber was die Lichtstrahlen nur in langen Zeiträumen an Veränderungen auf der Oberfläche der Planeten, in den Reichen des Lebens direkt und indirekt bewirken, vollbringen Gedanken- und Willensstrahlen in psychophysischen Reaktionsreihen oft unmittelbar. Gedanken und Willensimpulse sind Dinge, die der Materialisation harren, während Dinge und Umstände Gedanken- und Willensimpulse sind, die sich materialisiert haben...

... Auf dem Wege der ‚Telebulie‘ (des gezielten Fernwollens) können wir geistige, psychische, organische und physische Veränderungen telekinetisch auf anderen Welten genauso auslösen wie in unserer unmittelbaren Nähe, weil wir mit unseren Willensimpulsen eine Modifikation der *Urkraft* zum Wirken bringen, deren ‚Äußerungen‘ du je nachdem ‚Energie‘ oder ‚Materie‘ nennst...

... Voraussetzung ist die kosmische Reife und All-Unmittelbarkeit des die Urkraft wollend entfesselnden Wesens, weil dabei metapsychische, noëtische (geistige) Bildekräfte frei werden, die zerstörend wirken, wenn nicht der erwachte göttliche Wille ihren entfesselten Schöpferdrang ziel- und planbewußt in positive Bahnen lenkt...

... Es ist lebendige Kraft, die beim All-Willensfunk aktiv wird, in anderen Wesen als eigener Wille wach wird und so einheitliches Wollen und Handeln bewirkt.

Stärker als die schwerkraftlichen Schwingungsfelder der Himmelskörper sind die Willenskraftfelder allbewußter Wesen, weil sie im Einklang mit der Allschöpferkraft wirken. Sie bilden die Kristallisationsachse und das Geistgerüst der durch sie zum Reifen gebrachten Wirklichkeit. Das schließt auch die Transmutation der Materie ein, die ja nur eine kristalline Modifikation der Geistenergie ist – um es dir einigermaßen verständlich zu machen."

Ob ich es voll begriff, weiß ich nicht, zumal der Kontakt unvermittelt abbrach und ich mir gleich darauf meines Körpers und der Morgendämmerung des neuen Tages bewußt wurde...

DAS KOSMISCHE REICH

Eine Überraschung war es für mich, als ich mich beim erneuten Erwachen aus dem körpergebundenen Ichsein zum geistigen Selbstsein *Turiya* gegenüber sah, der mir bedeutete, daß er an die letzten Gedanken Ljanas anknüpfen und die weitere Allschau vermitteln werde:

„Während auf unserem Heimatstern nur eine Milliarde Maha wohnen, stehen wir in lebendigem Austausch mit unzähligen Wesensgemeinschaften ferner Welten nicht nur in der heimatlichen Galaxis, sondern auch in anderen Galaxien. Auf vielen dieser Welten leben Maha.

So umspannt unser Geist und Wille und unsere Wesensgemeinschaft millionenmal größere Räume, als dein Blick aufwärts jetzt, in der Vollnacht, zu überschauen vermag. Unsere Wesenheit ist eins mit den Bewohnerscharen von Abermillionen Welten."

... Bei diesem Gedanken zauberte ein Ontoskop phantastische Bilder des kosmischen Großreichs der Maha in mein Bewußtsein, angesichts deren ich in einer Anwandlung von Kleinmut unsere winzige Erde einem Stäubchen verglich, das im Ozean dahintreibt, unbeachtet von den Wesen, die auf ihren Schiffen vorüberfahren und in ihrer eigenen Welt leben...

„Nein", sprach ein Gedanke Turiyas mir Mut zu, „auch der All-Sehnsucht der Menschen werden Flügel wachsen, die sie eines Tages in die Weiten des Alls hinaustragen und zu Wesensgemeinschaften führen, denen sie inniger verbunden sind, als du ahnst..."

...In einzelnen Menschen erwachten, wie wir wissen, schon in früheren Zeiten Ahnungen künftiger Möglichkeiten, Echos ausgestrahlter und aufgefangener Gedanken verwandter Wesen im All – Erkenntnisse, die ihnen als Utopien erscheinen mochten, während sie auf anderen Welten längst Wirklichkeiten und Selbstverständlichkeiten sind...

Auch deiner Allsehnsucht wurde Antwort, und auch dein Wunsch nach dem Begreifen des inneren Aufbaus des Universums wird Erfüllung finden."

*

Und dann ist es, als erschließen sich meinen Augen die unendlichen Weiten des Alls und als folge ich den Ahnen der Maha auf ihren Fahrten bis an die Grenzen des Kosmos...

...Dabei wurde mir etwas bewußt, was mich erneut aufs tiefste erschütterte: daß die Sternenheere und Galaxien, die dem Menschenauge seit Jahrtausenden stillzustehen scheinen, in Bewegung gerieten.

Wie viele Generationen kommen und gehen, dachte ich, bevor die für unsere Augen unbewegten Sterne ihren Platz so weit verändert haben, daß die Bilder der Sterngruppen, denen sie, von der Erde aus gesehen, zuzugehören scheinen, sich sichtbar wandeln...

Zugleich wurde mir ein weiteres bewußt gemacht: Während das Licht unserer Sonne die Erde in acht Minuten erreicht, ein Lichtstrahl des Sirius zu uns hin fast neun Erdenjahre braucht, das Licht anderer, fernerer Sonnen Hunderte und Tausende von Jahren, ist das Licht der uns nächsten sichtbaren Galaxis, die wir den ,Andromeda-Nebel' nennen, mehr als eine Million Jahre unterwegs, das der fernsten teleskopisch noch erkennbaren Galaxien Jahrmilliarden...*

...Als ich dann im Ontoskop die überlichtschnelle Annäherung der ersten Raumer der Ahnen der Maha an fernste Sterne verfolgte, wurde mir zweierlei verdeutlicht:

Das eine war, daß ich die Sternenströme und Galaxien, solange sie unbewegt waren, in Wirklichkeit so sah, wie sie vor Jahren, Jahrtausenden, Jahrmillionen aussahen, und an den Orten, an denen sie damals standen. Zugleich nahm ich wahr, wie die Sonnen sich langsam auf tausend Bahnen mit- und umeinander zu bewegen begannen, wie die Sternbilder sich wandelten, einzelne Galaxien sich näherten und wuchsen und sich schließlich in um ihren Mittelpunkt kreisende Licht-Arme von myriaden Sonnenschwärmen auflösten...

Obwohl all diese Wandlungen in rasch aufeinanderfolgenden Bildern erkennbar wurden, vermochte ich dem Geschauten noch zu folgen. Und ich begriff auch, daß mir mit dem Innewerden der Unermeßlichkeit des Weltenalls zugleich die Relativität von ‚Zeit‘ und ‚Raum‘ demonstriert wurde.

...Ja, für einen winzigen rauschhaften Augenblick gewahrte ich, wie das Gestöber der Gestirne plötzlich erstarrte, als stünde ich hinter den Wandlungen der Dinge und jenseits des wahrnehmenden Bewußtseins, des Raumes und der Zeit im ewigen Hier und Jetzt...

Mein Bewußt-Sein schien sekundenlang mit dem Turiyas

---

* Ich merkte, daß mir bei dieser Schau kosmische Verhältnisse und Entfernungen faßbar und selbstverständlich waren, die ich erst viele Jahre später – beim Studium astronomischen Schrifttums – erneut, aber nicht mehr in dieser anschaulichen Klarheit, begriff.

eins zu sein. Ich sah seinen Blick auf mir ruhen und fühlte beglückt sein JA:

„Wir sehen uns zugleich innerhalb und außerhalb der stürmischen Entwicklung im unermeßlichen All, wenn wir des unwandelbaren Funkens des Allwillens in uns bewußt sind. Wir wissen dann: ‚Dies alles bist du selbst!'...

...Wir erleben in diesen Augenblicken kosmischen Einsseins die Gottheit als den unbewegten Mittelpunkt und Geist der Universen wie unseres eigenen Wesens und sehen uns überall und allezeit von ihrer Liebe umfangen.

Diese metakosmische Geborgenheits-Gewißheit beseligte schon unsere Ahnen und fand vor undenklichen Zeiten in einem All-Lied der ersten Raumfahrer ihren Niederschlag. Ich lasse es erklingen und werde dir den Sinn der Gedanken fühlbar machen."

...Während meine Ohren den All-Harmonien lauschten, hallten in meinem Herzen die Gedankentonbilder des alten Maha-Liedes wider, die wiederzugeben mir nur unvollkommen gelingt:

„Über alle Begrenzungen schwingen wir uns empor – hinauf in die Seligkeit des Unendlichen!

Unabsehbar dehnen sich um uns die rollenden Wogen des Sternenmeeres, das unergründbar ist in seinen Tiefen und Weiten...

Selbst Stern unter Sternen – eilen wir von Welt zu Welt und grüßen das Leben, das sich über alle Welten breitet...

...Das Leben, das vom Lichte vielfarbiger Sonnen umspült wird, und jenes, das noch im Schoße der Zukunft schlummert.

In unseren Herzen pulst das Herz des Alls.

In allem Leben auf allen Welten erkennen wir uns selbst.

Brüderlich grüßen wir das Leben in allen Fernen des Raumes, das zu den Höhen der Gottheit aufstrebt.

Als Spiegel unseres eigenen Allseins grüßen wir das Leben!

Von Sterneninsel zu Sterneninsel geht unser Allflug – endlos, endlos.

In diese Fernen ist unserer Sonnenheimat Licht noch nicht gedrungen ...

... Wo selbst der Lichtstrahl ermüdet ob der Unausmeßbarkeit seiner Bahn, führt unser Weg weiter.

Wir kennen kein Rasten in Suche des Letzten.

Immer neue Sternenkontinente dämmern uns aus der Unendlichkeit entgegen, wie eines neuen Landes unbekannte Küsten ...

Wir aber schwingen uns über sie alle hinaus – endlos, endlos ...

Doch wie viele Welten auch an uns vorüberbranden in unaufhaltsamem Lauf,

wir stehen immer noch am Anfang der Unendlichkeit ...

Das Welten-All hat keine Grenzen ...

Gleich grenzenlos jedoch ist unser Geist und gleich unendlich unser Sehnen nach dem Ewigen, dem wir zukunftsfroh entgegenwandern – endlos ... endlos ..."

*

Wie eine Woge überflutet mich bei diesen kosmischen Impressionen das Verlangen, die Ahnen der Maha auf einer ihrer Raumfahrten zu begleiten – und wäre es auch nur im

Bilde – und mit ihnen die Wunder ferner Welten zu schauen.

Auch dieser Wunsch fand Erfüllung. Die Bildfolgen wandeln sich, und ich gewahrte, wie die alten Maha mit ihren ersten Raumsprüngen die Nachbarwelten der Maha besuchten...

...Ein Planet rückte ins Sehfeld, der noch im Anfangsstadium der Entwicklung zu stecken schien... Festländer ragten aus dampfenden Urmeeren, die in ununterbrochenen Stürmen über die Ufer traten... Nur in den Polarzonen schien in Sumpfgebieten erstes pflanzliches Leben zu wuchern und dem Boden eine bräunliche Färbung zu geben.

Offenbar wurden viele Szenen übersprungen, denn unvermittelt breitete sich vor meinen Augen die Wunderwelt eines anderen Planeten... Durch endlose Dschungel schachtelhalmähnlicher Baumriesen huschten libellengleiche Geschöpfe, die zuweilen mit schwirrenden Flügeln über einem Gewässer unbewegt stillstanden, das voller Leben schien...

Doch schon entschwand auch dieses Bild.

...Der nächste Planet, dessen Anblick mir halbwegs erinnerlich blieb, war der Trabant eines Nachbarsterns, der seiner Sonne offenbar stets die gleiche unter ihren Strahlen teilweise glutflüssige Seite seiner Oberfläche zuwandte, während auf der sonnenabgewandten Nachtseite eine geschlossene, an den Rändern gletscherreiche Eisdecke erkennbar war...

...Während der Annäherung sah ich am rechten Horizont die weißglühende Sonne über einer leblosen Steinwüste schweben, während links der Blick durch eine hohe Wolkenwand behindert wurde, aus der ein Feuerwerk von Blitzen abwärtszuckte, während ein weißer Streifen in der Ferne der Zone ewigen Eises zugehören mochte.

Zwischen diesen beiden Extremen zog sich wie ein Gürtel rings um den Planeten eine trostlos anmutende Dämmerzone – von der Nachtseite her von Bächen durchzogen, deren Gewässer in den Wüsten der Tagesseite verdunsteten...

Daß in diesem Inferno, in dem Glut und Frost, Feuchtigkeit und Trockenheit in beständigem Kampf miteinander lagen, wider Erwarten Leben herrschte, ließen Ansammlungen turmhoher tausendlöchriger Bauten erkennen, in denen, wenn ich es recht aufnahm, termitenähnliche Geschöpfe lebten, worauf von den Wohntürmen strahlenartig ausgehende helle Streifen ebenso wie die pilzartige Vegetation hinzudeuten schienen.

Mehr vermochte ich nicht wahrzunehmen, da der Szenerie in raschem Wechsel neue Bilder anderer Welten folgten. Aber es wurde mir unmöglich zu behalten und wiederzugeben, was alles ich bei Verfolgung der weiteren Fahrten, die ins Zentrum der Galaxis und von dort zu ihren Randzonen führten, an Wunderwelten schaute...

*

Ein Planet aber, ein Warmwasserball, blieb mir unvergeßlich:

Im einen Augenblick sah ich in der Tiefe die gewaltige Scheibe des Planeten schweben, die bereits ein Drittel des Himmels einnahm und ständig wuchs, bis sie den Maha-Raumer wie ein Höllenschlund in sich hineinzusaugen schien...

...Gleich darauf nahm ich wahr, wie die Sterne zu verblassen begannen und schließlich im zerstreuten Licht der Sonne unsichtbar wurden... Nebelfetzen stiegen empor und schossen vorüber... Ein endloses Meer wurde sichtbar... und schon bewegte sich der Raumer in den Tiefen eines Urmeeres, das des Lichtes nicht bedurfte, da das Leben, das sich hier breitete, selber leuchtete.

...Unbeschreiblich der Boden dieses uferlosen Meeres, das, wie mir bedeutet wurde, von kleinen Kontinenten unterbrochen wurde –: ein Labyrinth baumartig verzweigter, ineinander verschlungener algenartiger Pflanzen von phantastischer Buntheit, deren fadenartige ‚Zweige‘ in der Strömung leise hin und her schwankten...

...Zwischen ihnen bewegten sich amöbenartige phosphoreszierende Geschöpfe von Menschengröße, die zumindest nur aus einer Zelle bestanden, und kleinere stäbchenförmige Tiere, unter die sich dahinschwebende Galleteklumpen mischten, die bei Berührung in wirbelnde Bewegung gerieten, fühlergleiche Ausläufer ausstülpten, Schlamm aufwühlten und dann blitzschnell aus der Sicht verschwanden...

Doch schon wurde mein Blick von einem kristallenen Kugelhaus angezogen, das einer stachligen Riesenwalnuß glich und mit bullenaugenartigen ‚Fenstern‘ übersät war, aus denen teilweise weiche Taster herauslugten, die wieder zurückzuckten und verschwanden...

...Daneben schwebten andere stachelbewehrte würfel-, kreuz-, kronen- und lampionförmige Tierwesen, von denen die einen mit den farbigen Lichtpunktreihen auf ihrer Kristallhülle wie Ozeandampfer bei Nacht wirkten, andere wie edelsteinbesetzte Truhen...

Dann rückte ein lebendiger Tank in den Vordergrund, dessen Plasmawulstbänder sich wie bei einem Raupenschlepper beiderseits in Rinnen oder Rillen bewegten und spielerische Wendungen ermöglichten. Ihm folgten quallenartige Wesen, deren wildbewegte Geißelfäden sie ruckartig vorwärtsschießen ließen...

In der Tiefe verbargen sich offenbar weniger friedliche größere Geschöpfe, die mir wie gläserne Mega-Polypen vorkamen. Mit ihren fast unsichtbaren schlangengleichen Fangarmen fingen sie kleinere Tiere ein, zerdrückten ihre Schalen und machten mir schmerzlich bewußt, daß hier bei aller Schönheit der Formen und Farben wie auf der Erde ein erbitterter Kampf ums Dasein herrschte...

Ein Gedanke Turiyas bedeutete mir, daß es hier auch Tier-Pflanzen-Symbiosen gebe und daß hier wie überall der Kampf ums Dasein im Laufe der Äonen einem zunehmend leidfreieren Wettstreit der Geister weichen werde, der vollkommener als der Daseinskampf der Höhervollendung der Wesen diene.

Während ich darüber nachsann und mir die ungeheuren Entwicklungsspannen zwischen dieser Jungwelt, dem jahrmillionenälteren Reich der Erde und der um weitere Jahrmillionen fortgeschrittenen Welt der Maha zu vergegenwärtigen suchte, sank die Tierwelt in die Tiefe...

...Und schon schoß der Raumer an die Oberfläche des Urmeeres und durch Wolkenbänke in den Äther – neuen Lebenswelten entgegen.

*

...Immer schneller folgten die Bilder neuer Welten mit immer höher entwickelten Lebensformen in immer anderen Gestalten, bis ich der fühlbaren Raffung der Gesichte nicht mehr zu folgen vermochte.

Es wurde mir unmöglich, die unzähligen weiterhin besuchten Welten, die mir immer fremder und unbegreifbarer wurden, und die bizarren Geschöpfe und Wesensgemeinschaften, denen sie Heimat waren, zu schildern.

Turiya wollte mir mit der Überfülle der Gesichte offenbar nur die unendliche Mannigfaltigkeit der Lebensformen bewußt machen.

Was von alledem trotz großer Lücken in meiner Erinnerung haften blieb, war die Einsicht, daß es unter den Billionen Wesenheiten auf den Myriaden Lebenswelten schon unserer heimatlichen Galaxis nur wenige gibt, deren Entwicklung der der Maha und Menschen ähnelt und deren Organismen uns auch nur entfernt verwandt sind oder mit dem mir von der Erde her vertrauten pflanzlichen und tierischen Leben verglichen werden konnten...

Offensichtlich war die Menschengestalt in der Mannigfaltigkeit geistverwandter Wesen nicht die Regel, sondern seltene Ausnahme. Ich fragte mich darum unwillkürlich, wie sich unsere organismische Verwandtschaft mit den Maha erkläre, wenn doch die unzähligen auf gleicher geistiger Entwicklungshöhe wie die Maha stehenden Wesenheiten fremder Welten ihnen äußerlich so unähnlich sind...

„Unsere körperliche Verwandtschaft", vernahm ich Turiyas Antwort, „rührt daher, daß unser beider Lebensbereiche dem gleichen Sternenbezirk angehören. Wir sind kosmische Nachbarn. Unsere Heimatwelten weisen ‚geologisch' und ökologisch ähnliche Verhältnisse auf, weshalb gleiche Evolutionsgesetze für unsere Wesensgemeinschaften gelten...

74

...Weit fremdartiger und unbegreiflicher mag dir im übrigen alles erscheinen, wenn du der weiteren Raumfahrt unserer Ahnen folgst und siehst, wie sie das Sternenmeer unserer Galaxis verlassen und in den sonnenleeren Raum vorstoßen, aus dem von fernher der schwache Dämmerschein der Schwestergalaxis zu uns herüberleuchtet."

*

In der Tat entnahm ich den weiteren Bildern, wie sich die Fahrt des Raumers um das Hunderttausendfache beschleunigte und wie er sich allmählich den äußeren Bezirken unserer Milchstraße näherte...

Immer sonnenärmer wurde der Raum. Ein Großteil des heimatlichen Milchstraßensystems entwich bereits in den Hintergrund und erinnerte beim Blick zurück an das Lichtermeer einer Großstadt, das, von weitem gesehen, nicht mehr ist als ein heller Fleck, der bei wachsender Entfernung immer schwächer und unbestimmter wird...

Ich sah die Sonnenschwärme in den äußeren Armen unserer Galaxis zu Nebelstreifen schrumpfen, indes die Lichtermeere der *Andromeda*-Galaxis immer heller hervortraten...

...Schon schien die Heimatgalaxis mehr und mehr jene vielarmige Ellipsenform anzunehmen, die der Andromeda-Nebel beim Anblick von der Erde aus zeigt... Dabei schienen reich gegliederte größere Sonnenschwärme ihrem Sternenrad wie darangehängte Perlenschnüre zu folgen...

...Aus dieser kosmischen Ferne vermochte ich das lokale Sternensystem, dem unsere Sonne und der Sirius angehören, nicht mehr aufzufinden, zumal die Galaxis immer kleiner wurde, während der Andromeda-Nebel seine Sonnenfülle zu entfalten begann ... :

Aus einem winzigen Nebelfleck war ein Riesenfächer aus Millionen Sonnenschwärmen geworden, in deren Lichtabgrund der Raumer hineinstürzte, bis die Übersicht verlorenging, weil bereits die Außenbezirke der Andromeda-Galaxis erreicht waren ...

Schließlich glitt der Raumer mit verlangsamter Fahrt durch die näher gelegenen Sonnenheere ...

*

Von den unzähligen Einzelbildern, die wie ein endloser Film immer rascher abliefen, ist mir nichts geblieben als der Rausch erfüllter All-Sehnsucht.

Nur halb bewußt nahm ich wahr, wie die Maha das gewaltige Sternenreich der Andromeda durcheilten und schließlich verließen, um zu tausendmal ferneren Galaxien vorzustoßen ...

Von neuem durchbebte mich bei diesen Bildern der kosmische Enthusiasmus, der die ersten Allpioniere beseelte, als sie die Großbezirke des Universums durcheilten und der relativen Winzigkeit der Heimatgalaxis inne wurden, die längst in der Lichterfülle der Millionen Spiralnebel ringsum entschwunden war*.

*

* In späteren Jahren erkannte ich, daß die gleiche Sehnsucht, die mir in meiner Kindheit erfüllt wurde, auch in anderen Menschen glutete, wenn sie auch zumeist unerfüllt blieb wie bei *Beethoven*, der diesem Herzensverlangen in ergreifenden Worten Ausdruck gab:

„O König des Himmels, Herz der Sterne, Vater der Geister und Menschen! Könnte ich mich doch einmal zu jenen unzähligen Welten erheben, wo Du weit mehr als auf diesem Erdball Deine Größe offenbart hast! Könnte ich, wie ich

Aufs neue übermannte mich der Gedanke, daß dieses unendliche Heer der Galaxien nur Teil einer größeren Einheit ist – und so in unendlicher Folge makrokosmisch aufwärts und mikrokosmisch abwärts...

Für einen Augenblick sah ich mich am Abgrund eines Lichtozeans, dessen Tiefe und Lebensfülle kein Hirn zu ermessen vermag.

Und wiederum ließ der Maha mich fühlen, wie unendlichfach sich über alle Fernen des Meta-Universums das Leben breitet...

...Deutlicher denn je spürte ich zugleich, wie sehr alles, was immer auch in den Tiefen des lebendigen Alls geschieht, auch uns Menschen angeht und auf uns einwirkt, weil alles Leben im Innersten seinsverwandt und eins ist...

Meine Frage nach dem Woher dieser unabsehbaren Lebensfülle wurde zu meiner Überraschung dahin beantwortet, daß alles Leben seinen Anfang nicht in den materiellen, sondern in den geistigen Reichen nahm, daß im Anbeginn allen Werdens im All die ‚Geister des Lebendigen‘ von den einzelnen Welten Besitz ergriffen, sich nach und nach gröbere Astralformen schufen und sich schließlich mit der Materie der planetarischen Welten zu umkleiden lernten, um sich in immer neuen und vollkommeneren organismischen Keim- und Heimstätten Werkzeuge fortschreitender Höherentfaltung und Wesensvollendung zu schaffen...

Atemberaubend wirkte dabei auf mich die Eröffnung,

jetzt von Blume zu Blume fortgehe, von Stern zu Stern fortschreiten – bis ich zu dem Heiligtum gedrungen bin, in welchem Du mit unaussprechlicher Majestät thronst!"

Wie viele Menschenherzen mögen wohl vor und nach dem seinen ähnliches empfunden haben – und wie vielen mögen kosmische Gesichte geschenkt worden sein?

daß wir Menschen auf der unendlichen Stufenleiter des Lebens genau so in der Mitte stehen, wie ich mich überall im Raum im Mittelpunkt des uferlosen All-Ozeans der Himmelswelten sah...

Die Werdeketten des Lebendigen schienen sich hinter und ‚über‘ uns ins Endlose zu erstrecken.

Unter Trillionen Masken – so fühlte ich – breitet sich überall in den Kosmen und Metakosmen das *Leben* – in unzähligen Bereichen der sichtbaren Welt wie in den tausendmal größeren Reichen der unsichtbaren Welt – um der Selbst- und Alloffenbarung und Gottwerdung willen...

DIE SATYA

...Ich ahnte nicht, daß die erneute Innewerdung des gedanklichen Einklangs mit Samana – wie zu Beginn meines Erlebens – die Reihe der Gesichte abschließen würde...

...Noch berauscht von dem vorher Geschauten, gab ich meiner Ehrfurcht vor dem Weltengeist Ausdruck, der die Unendlichkeit der Kosmen und Metakosmen mit seinem Werdewillen durchwaltet und mit unendlichfaltigem Leben erfüllt.

Erneut ging mir auf, wie winzig die Räume, die die Vorfahren der Maha auf ihren Allfahrten durchmessen hatten, im Grunde sind, verglichen mit der Unendlichkeit des Gesamtuniversums... Doch je tiefer ich sie in die Geheimnisse der Schöpfung eindringen sah, desto mehr wuchs mein Staunen ob der Weisheit und Allmacht des Weltengeistes, dessen Wille bewirkte, daß auf allen Welten im All den primitiven Lebensformen höhere folgen, deren Organismen sich den jeweils herrschenden schwerkraftlichen, energetischen und ökologischen Verhältnissen auf den einzelnen Himmelskörpern anglichen.

Zugleich war deutlich geworden, daß der von den Maha erschlossene Teil des Kosmos und wahrscheinlich des Gesamtuniversums noch in der Morgenröte seines Lebenstages steht und daß das Leben selbst, auch wenn es sich immerfort wandelt, unvergänglich ist. Ich fühlte, daß seiner Entwicklung ein metakosmischer Werdeplan zugrunde lag...

...Und die Einsicht beglückte mich, daß der Geist des

Lebens offenbar mit Absicht nichts Fertiges schuf, sondern allen individuellen Lebensfunken die Fähigkeit mitgab, sich in Freiheit und Selbstverantwortung aus eigener Kraft fortschreitend zu vervollkommnen, um der Idee des Schöpfers immer näher zu kommen und Ihm immer ähnlicher zu werden*.

Wenn ich auf Samana blickte, empfand ich, daß die Maha längst jene Stufe erreicht haben, auf der Sternenweistum und Gott-Erkennen sich die Hände reichen, und daß der Wille des Ewigen vernehmlicher zu ihren Herzen spricht als zu uns noch auf der Kindheitsstufe stehenden Erdenmenschen...

Doch Samana lenkte meinen Blick sogleich von den Maha auf uns Menschen, und ich vernahm seine meinen Glauben bestärkenden Gedanken:

„Werde und bleibe dir der kosmischen Bestimmung und Aufgaben auch der Menschen bewußt! Wie in den Urmenschen als Anlage der gegenwärtige Kulturmensch steckte, so birgt dieser in sich keimhaft den Übermenschen der Zukunft. In diesem wiederum schlummert der Geist- und Allmensch künftiger Äonen seinem einstigen Erwachen entge-

---

* Auch dieser Ahnung hatte, wie ich viele Jahre später erkannte, bereits der große Königsberger Philosoph Immanuel *Kant* in seiner „Allgemeinen Naturgeschichte und Theorie des Himmels" Ausdruck gegeben:
„Wenn wir diesem Phönix der Natur, der sich nur darum verbrennt, um aus seiner Asche wiederum verjüngt aufzuleben, durch alle Unendlichkeiten der Zeiten und Räume hindurch folgen, wenn man sieht, wie sie sogar in der Gegend, da sie verfällt und altert, in neuen Auftritten unerschöpft zur Ausdehnung des Plans der göttlichen Offenbarung fortschreitet, um die Ewigkeit sowohl als alle Räume mit ihren Wundern zu füllen, so versinkt der Geist, der alles dies überdenkt, in tiefes Erstaunen... Mit welcher Art der Ehrfurcht muß nicht die Seele sogar ihr eigenes Wesen ansehen, wenn sie betrachtet, daß sie noch alle diese Veränderungen überleben soll..."

gen... in diesem der Gottmensch zeitloser Ewigkeiten...
und in ihm die Weltengottheit selbst.

Auch ihr Menschen könnt, wenn ihr nur tief genug in
euch selbst hineinhorcht, schon jetzt ihre leise Stimme in
euch raunen hören: ‚Ihr seid Götter!‘“

*

„Früher oder später“, setzte Samana den Gedanken fort,
„wird auch in euch Menschen das erwachen, was bei uns
schon das Kind in sich zu erwecken lernt: das kosmische
Denken, das Bewußtsein universalen Einsseins.

Ihr werdet die innere Gegenwart Gottes so erleben, wie
ihr euch heute, in eurem vorwiegenden Nachaußengerich-
tetsein, eures Körpers bewußt seid.

Gewiß ist es ein langer Weg von der gegenwärtigen Ent-
faltungsstufe der Menschen zur Allbewußtheit der Maha... und weiter zur metakosmischen Vollkommenheit
der Satya. Doch seid ihr Menschen genau so berufen und
befähigt wie wir, zu den Höhen universaler Machtfülle,
Weisheit und Lebensüberlegenheit emporzusteigen...

...Heute steht die Menschheit noch am Anfang ihrer
Entwicklung. Aber auf den Gipfeln derselben wird sie über
Sonnenreiche gebieten – als selbständiges Schöpfungsorgan
der Gottheit, dem bewußt ist, daß die größte Macht im
Dienen liegt – in der freudigen Erfüllung des geahnten
Willens des Allgeists.

Bürge dieser unaufhörlichen Aufwärtsentwicklung ist
der unvergängliche Gottfunke im Grunde eures Wesens,
der war, bevor der Kosmos ward, und der immer sein wird,
weil er, wie die Gottheit, jenseits von Zeit und Raum west.“

*

Der von Samana gelenkte Blick auf die Todüberlegenheit und Ewigkeit des innersten Selbst in mir wie in jedem Menschen beseligte mich und wurde durch die weiteren Gedanken des Maha zur Gewißheit:

„Kein Wesen im All wird durch das Ablegen seines Körperkleides in seinem inneren Sein, seiner metaphysischen Existenz, berührt. Wie es vor der Geburt seines Leibesorganismus da war, so ist es nach dessen Vergehen da...

...Tod und Leben bedingen einander. Beide aber gehören der Welt der Erscheinungen an. Den tiefsten Grund des Wesens berühren sie nicht: Für dein innerstes Selbst gibt es keinen Wechsel von Werden und Vergehen, sondern nur das ewige Jetzt.

...Doch auch im Reich der Erscheinungen ändert sich das energetische Gleichgewicht nicht. Was verschwindet, vergeht nur, um in anderer, verjüngter Form neu zu erstehen.

...Immer wieder erwachen die Wesen auf allen Welten zu neuem Leben – in spiraliger Aufwärtsentwicklung von Dasein zu Dasein und sich verwandelnd von Stern zu Stern. Im Lichte des Überseins aber bleiben sie ewig die gleichen...

Raum, Zeit und Tod können die Wesen immer nur äußerlich voneinander trennen – nicht innerlich. Im Reich des Überseins ist alles mit allem ununterbrochen verbunden und eins.

Darum trennt uns Maha kein kosmischer Raum voneinander. Keine zeitlichen Grenzen hindern uns und kein Tod kann uns etwas nehmen oder unser Verbundensein mit der Allgemeinschaft sprengen, weil alles Lebendige über alle Scheingrenzen hinweg eine unauflösliche Einheit bildet."

*

Ich glaubte zu spüren, daß Samana mit seinen Gedanken den tieferen Sinn dessen, was ich schauen durfte, zu lebendiger Gewißheit erheben wollte. Seine weiteren Hinweise rückten schon dunkel Geahntes ins helle Licht der Bewußtheit:

„Dich begeistert der Weg unserer Ahnen durch die Weiten des Universums... Doch all das gehört der Vergangenheit an. Heute bedürfen wir der äußeren Hilfsmittel nicht, um den uns verbundenen Wesenheiten ferner Welten nahe zu sein oder unter ihnen zu weilen.

Die Verbindung mit unseren geistigen Brüdern im All erfolgt seit Äonen nicht mehr durch Raumer und andere äußere Mittel, sondern durch den Geist und den Willen. Wir überbrücken die kosmischen Fernen nicht mehr von außen, sondern von innen her – im Einklang mit dem Willen des Ewigen, dessen Odem die Universen durchpulst und gleichermaßen in unserem Innen-All herrscht.

Die unendlichen Fernen des Raumes, die du schautest und die die Erdenmenschen zumeist noch fürchten, bedeuten nichts, denn sie sind Schein... In Wirklichkeit, in der Tiefe des Seins, ist alles eins, mag es auch in der Raumzeitwelt durch Tausende oder Millionen Lichtjahre getrennt sein.

Du weißt bereits um die Allgegenwart der Gedanken. Wir kennen und betätigen sie in ihrer ganzen scheinvernichtenden Macht und Größe.

... Dem Auseinander des Raumes und dem Nacheinander der Zeit steht das Ineinander und Beieinander der Gedanken und des Willens, des Geistes und des All-Bewußtseins gegenüber. Der allgegenwärtige Metakosmos ist es, über den hinweg wir die Raumabgründe zwischen den Sternen und Galaxien überbrücken. Denn der Metakosmos kennt keine Fernen, sondern nur das Hier und Jetzt.

Darum sind auch die *Satya,* die im metakosmischen Wesensreich gebieten, immer und überall bei uns, sowie ein Gedanke von uns sie berührt.

Im Vergleich zu ihnen sind wir bei aller erreichten Machtfülle nur Vorstufen jener vollkommeneren Verkörperungen göttlicher Gedanken, die uns auf dem Allwege der Selbstverwirklichung und Gott-Entfaltung weit voraus sind ..."

*

Die zuletzt aufgenommenen Gedanken des Maha ließen mich noch einmal mit aller Deutlichkeit spüren, wie sehr alles Leben Sehnsucht ist nach dem Mehrsein, dem Höheren, dem Ewig-Göttlichen.

Die Aussicht beglückte mich, daß diese Sehnsucht auch für uns Menschen in einem Ausmaß Erfüllung finden wird, das unsere kühnsten Träume myriadenfach übersteigt.

Und während ich den Blick meines Geistes ehrfurchtsvoll zu den leuchtenden Gipfeln der geahnten Gottselbstverwirklichung erhob, regte sich in mir die Hoffnung, mehr über jene Wesenheiten zu erfahren, die schon Turiya einmal erwähnte: die *Satya.*

„Für mich", wandte sich mein Denken Samana zu, „für mich sind die Maha schicksalsmächtige Gottwesen, deren Vollkommenheitsstufe die Erdenmenschen erst in ferner Zukunft erreichen werden. Unfaßbar für mich, von noch höheren Wesenheiten im All zu hören, die du ‚Satya' nennst."

„Die Satya", war Samanas Antwort, die mir vorkam, als

komme sie aus größerer Ferne, „sind im unendlichen All-Ozean leuchtender Sonnen und durchgotteten Lebens selbst strahlende Sterne – Sonnen des Ewigen, in denen die Flamme des Weltenwillens lodert...

...Sie sind Bürger der höchsten für uns erkennbaren Dimensionen des Überseins, in denen Raum, Zeit und Leben zu immerwährender Gottunmittelbarkeit zusammenschwingen, zusammenklingen – zu einer Seins-Bewußtseins-Seligkeit, in der das eigene Sein und das des unendlichen Alls tausendfach vollkommener als in uns Maha *eins* ist...

...Doch wie ein Flächenwesen nicht ein Körperwesen zu begreifen vermag, so entzieht sich das Übersein der Satya deinem Verstehen. Unmöglich, dir bewußt zu machen, wie Lichtwesen denken und leben, für die die Unermeßlichkeit der Kosmen und Metakosmen in Allgegenwart und Allgleichzeitigkeit ein lebendiges *Ganzes* ist... Wesenheiten, deren Willenskraftfeld Sterneninseln umfaßt...

In ihnen sind die beiden kosmischen Grundmächte, die statischen und die dynamischen, geeint: Sie erheben sich einerseits zu immer höheren Schauungen des Ewigen und nehmen unendlich bewußter als wir an der allsonnenhaften Wesensfülle der Weltengottheit teil... und sie sind andererseits zugleich vollendete Mitschöpfer des Ewigen: All-Archonten, geistige Kosmokratoren, in deren Bewußtsein Jahrmillionen zu Augenblicken schrumpfen...

...In der Berührung mit ihrem Überwesensreich haben wir Maha gelernt, mit ihren Augen zu sehen, wie neben unseren zeitlichen Daseinsformen von Urbeginn an ein zeitloses Übersein einherläuft, dessen Ausstrahlungen eben unsere noch körpergebundenen Existenzen darstellen... während wir mit unserem zeitlosen Sein und Wesen seit je in das All-Hier und All-Jetzt der Ewigkeit emporragen und, im Lichte dieser Ewigkeit, der bloßen Sinnbildlichkeit alles Zeitlichen inne werden... das dennoch als Teilglied der Selbstoffenbarung des *Göttlichen in uns* notwendig ist, vor dem alle Zeit ein Nichts und das endlose Herr der Kosmen und Metakosmen nur ein Gedanke der Gottheit ist...

...Das Hinaustreten in diese schrankenlose Freiheit des Absoluten ist der Beginn eines Überseins, dessen einzelne Offenbarungsstufen tausendmal mehr Wunder und Seligkeiten bergen als die biokosmischen Entfaltungsetappen, die hinter uns liegen...

...Ein Nichts ist der Evolutionsweg, den wir Maha durchmessen haben, gegenüber der Ewigkeitsbahn der Satya, die in ein metakosmisches Lichtmeer hinanführt, das selbst unsere gottbewußten Sinne blendet...

Unmöglich, die höchsten Kreise der Ewigkeitsbahn ins Überseiende mit Gedanken zu berühren und in Begriffen zu ‚äußern‘, was sich nur ‚innern‘ läßt...“

BEGLÜCKENDE GEWISSHEIT

Was mich beim letzten Kontakt mit dem Maha beunruhig-
te und betrübte, war das sich aufdrängende Gefühl, daß
die gedankliche Verbindung immer schwächer wurde, als
seien die mir vermittelten Einsichten genug, um mein Denken und meine Lebensrichtung von Grund auf zu ändern ...

Obwohl ich mich mit aller Sehnsucht meines dankerfüll-
ten Herzens an die Verbindung mit den Maha zu klam-
mern suchte, endete das Erlebnis des Einsseins mit einem
Wesensreich, unendlicher, erhabener als jenes, dem ich
durch mein Körperkleid zugehöre, so plötzlich, wie es begonnen hatte.

... Nacht für Nacht hoffte ich, daß die Gesichte ihre
Fortsetzung finden würden. Doch es blieb mir versagt,
mich auf die erlebte Weise aus eigener Kraft aus der Kör-
pergebundenheit zu lösen.

Trauer und Wehmut erfüllten mich, als ich endgültig
einsehen mußte, daß der Kontakt von meiner Seite aus
nicht wiederherstellbar war ...

... Um so dankbarer aber war ich für das, was ich schau-
en durfte – vor allem aber dafür, daß die für Augenblicke
erlebte Gottdurchpulstheit des Weltalls mir die gleiche Unendlichkeit und Gotterfülltheit meines Innen-Alls wahrnehmbar machte.

Was konnte mir Größeres geschenkt werden als diese
dreifache Erfahrung der gleichzeitigen Innerweltlichkeit
der überweltlichen Gottheit, der unauslösbaren Einheit

meines Wesensgrundes mit dem Weltengrund und einer hierarchischen Ordnung der Geister im All, innerhalb deren die ‚Götter des Sirius‘, wie ich die Maha im Stillen weiter nannte, eine Gemeinschaft hoher Wesenheiten bilden, die alles überragen, was man auf unserem Planeten für erreichbar hält...

Es mag langer Zeiten bedürfen, bis wir Menschen diese Höhen erklimmen... Aber die wiederholte Verheißung beruhigt und beglückt mein Herz, *daß* wir sie erreichen werden, wenn wir beharrlich nach dem streben, das *mehr* ist als Mensch.

... Mag sein, daß schon der Übermensch des neuen Äons auf uns noch weithin unweise und unfriedliche Menschen von heute zurückblicken wird wie wir auf den Neandertaler... Dennoch sind wir die Ahnen des Übermenschen und Geistmenschen der Zukunft. Ihre einstigen Vollkommenheiten sind bereits in uns angelegt.

Ja, wir tragen als Kinder des Allgeists alle Kräfte und Gaben in uns, die uns helfen werden, unsere irdische und kosmische Sendung zu erfüllen und unser göttliches Vollendungsziel zu erreichen.

Welch Frohgefühl verleiht der Gedanke, daß das Mühen und Streben der Menschen nicht vergeblich ist, sondern dazu führen wird, daß einmal ein wahrhafter Menschheits-Frühling anbricht, den die Edelsten unseres Geschlechts in Ost und West seit je erträumt, ersehnt und verkündet haben!

*

Der Mensch gleicht fürwahr der Wissenschaft, die nach dem Wort eines ihrer größten Vertreter ‚ewig ist in ihrem Quell, unermeßlich in ihrem Umfang und endlos in ihren Aufgaben':

Vor uns allen liegt eine Zukunft voller Schönheit und zunehmender Freiheit und Selbstvollendung, die keimhaft in jedem von uns angelegt ist.

... Die Gebirge der Erde werden im Laufe der Jahrmillionen verwittern und zerfallen und nach weiteren Äonen verschwunden sein ... die Kontinente werden ihre Formen wandeln ... Inseln werden aus den Meeren aufsteigen ... andere werden versinken. Aber die Menschheit wird bleiben – und ihr Zukunftsweg wird sie immer höher führen ... Kein Artentod, keine kosmischen Katastrophen können ihr Einhalt gebieten und ihre Werke austilgen – wenn sie es nicht selbst tut ...

Und wenn die Erde einst als erstarrter, lichtloser, von allem Leben entblößter Stern einsam durch die Finsternis des Raumes dahinrollt, wird die Menschheit längst auf jüngeren, schöneren Himmelswelten Stätten weiterer Vervollkommnung gefunden haben ...

Diese Gewißheit verdanke ich meinen Gesichten:

Wesen und Welten werden und vergehen ... Jahrtausende und Jahrmillionen rinnen dahin ... aber das Gesetz fortschreitender Höherentwicklung, Vergeistigung und Vervollkommnung alles Lebendigen im All – der Zug nach oben – bleibt unwandelbar wirksam.

Wir haben mehr Zeit als die Erde, die unserem Geschlecht das Leben gab. Alle Wesenheiten auf den einzelnen Welten vermögen ihre Heimatsterne zu überdauern – wenn sie nicht den Verlockungen wachsender Macht über die Natur verfallen und ihre Lebensgrundlagen und sich selbst zerstören ...

Das ist die Verheißung, die uns anspornen sollte, voll Vertrauen und mit wachsender Einsicht und Verantwortungsbewußtheit in eine endlose, immer herrlichere Zukunft hinauszuschreiten.

*

Das ist es, was mir als Gewißheit vermittelt wurde:

Unsere Erdenmenschheit ist unerhört jung und lebensstark. Ihr Weltentag hat kaum begonnen. Ewig fortschreitender Aufstieg und eine relativ unendliche Dauer ist ihr beschieden!

Die bisherige Geschichte der Menschheit ist nichts als der Morgendämmer eines kosmischen Tages, dessen Sonne sich noch nicht erhoben hat.

Der Mensch von heute ist erst ein Anfang. An ihm liegt es, dahin zu wirken, daß seine Zukunft die Hoffnungen und Erwartungen rechtfertigt, die dieser Anfang erweckt hat!

Es liegt bei jedem einzelnen selbst, wie weit er sich, sein Denken und Handeln auf den *kosmischen Imperativ* unaufhörlicher gemeinsamer Vervollkommnung ausrichtet.

Lernen wir als erstes, die Menschheit als Einheit zu sehen und zu verwirklichen, damit wir fähig werden, kosmisch zu denken! Werden wir uns lebendig bewußt, daß wir kosmische Wesen sind mit Gaben und Aufgaben, die weit über die Daseinsgrenze unseres Heimatplaneten hinausweisen!

Der Kosmos ist unsere All-Mutter, die Weltengottheit unser All-Vater, die Erde unsere planetarische Amme, die uns entlassen wird, wenn wir kosmisch flügge geworden sind und unsere wahre Bestimmung erkannt haben: von Leben zu Leben und von Stern zu Stern weiterzuschreiten, um der Vollendung Stufe um Stufe näher zu kommen.

Ist diese Einsicht und Aussicht nicht unendlich beglückend? Gibt sie uns nicht den Mut, auch Zielen ins Auge zu sehen, zu deren Erreichung hundert Menschenleben nicht ausreichen? –

Mit unendlicher Dankbarkeit erfüllt mich die mir geschenkte Einsicht, daß die Evolution und die Schicksale der Erdenmenschheit wie die allen Lebens im All von Anbeginn an bis in die fernste Zukunft einem gigantischen *kosmischen Plan* folgen, der auch uns im Laufe der Jahrhunderttausende und Jahrmillionen zu immer herrlicheren Stufen der Vollkommenheit, Schönheit und Machtfülle emporführen wird, wie langsam oder wie rasch wir auch immer als einzelne den Weg zu den Höhen kosmischer Bewußtheit beschreiten...

... *Wann* wir zu lebendigen, allbewußt mitschaffenden Gliedern der kosmischen Gemeinschaften werden, liegt bei uns.

Jeder ist für die Länge seines Weltenwanderweges allein verantwortlich – und ebenso für das Ergehen aller Mitwanderer. ... Und jeder hat die Möglichkeit, diesen Evolutionsprozeß auf dem Wege der Selbstbesinnung, Selbstverwirklichung und Gottunmittelbarkeit abzukürzen und sich bis zur Vollendungsstufe der Maha und darüber hinaus zu erheben...

*

Was mich viele Jahre später erneut beglückte, war die Feststellung, daß auch andere, vor allem viele Mystiker und

Menschheitslehrer, die Schöpfer der großen Religionen, dieser Erkenntnis Ausdruck gegeben haben – aber auch Philosophen wie Immanuel *Kant*, als er schrieb:

„Sollte die unsterbliche Seele wohl in der ganzen Unendlichkeit ihrer künftigen Dauer, die das Grab nicht unterbricht, sondern nur verändert, an diesen Punkt des Weltenraumes, an unsere *Erde*, jederzeit geheftet bleiben? Sollte sie niemals von den übrigen Wundern der Schöpfung eines näheren Anschauens teilhaftig werden? ... Wer weiß, ist es ihr nicht zugedacht, daß sie dereinst jene entfernten Kugeln des Weltgebäudes und die Trefflichkeit ihrer Anstalten, die schon von weitem ihre Neugierde so reizen, von nahem kennen lernen soll?"

Diese Frage des großen Philosophen wird durch das, was ich schauen durfte, bejahend beantwortet.

Jene fernen Sterne, zu denen unsere Sehnsucht sich seit Jahrtausenden hinaufstahl, haben uns ihr Willkommen zugerufen! Manche von ihnen mögen manchen von uns Menschen schon früher Heimat gewesen sein, wie mich Kindheitsträume fühlen ließen ...

... Was sie uns gewiß machen, ist, daß es unser aller Bestimmung ist, im Laufe unserer Entwicklung aus der Enge unseres planetarischen Kindergartens herauszuwachsen zur Allbewußtheit und Machtfülle kosmischer Wesen!

Höhere und beglückendere Gewißheit kann nicht gewonnen werden als diese,

daß auch wir Menschen lebendige Glieder einer ungeheuren kosmischen Lebensgemeinschaft und Einheit sind – dazu berufen, dem Zentrum des Ganzen, dem Geist des Lebens, immer näher zu kommen... zu immer höheren Stufen der Daseinsmeisterung und Selbstvollendung aufzusteigen...

...daß jeder von uns Träger und Ausgangspunkt einer unendlichen Entwicklungsreihe voll ungeahnter Möglichkeiten und Seligkeiten ist, die im Laufe der Äonen zur Entfaltung kommen werden...

...daß alle in unserer seelisch-geistigen und biologischen Organisation schlummernden Evolutionstendenzen sich im Laufe der Zeiten aus Möglichkeiten in Wirklichkeiten verwandeln werden...

...daß jedes von uns ersehnte Ideal höchster Vollkommenheit einmal Leben und Form gewinnen wird...

...und daß die Sterne, Heimstätten kosmischer Freunde, die uns von fernher grüßen, uns vernehmlicher als Menschenworte die Ewigkeit unseres Seins und die Größe unserer Bestimmung künden!

Mögen Jahrtausende und Jahrmillionen darüber vergehen – einmal werden auch wir am Vollendungsziel stehen. Denn wir sind größer als die Unendlichkeit unseres Weges durch Raum und Zeit und berufen und befähigt, dereinst die Vielfalt der Welten nicht mehr von irgendeiner planetarischen Lebensbahn aus mühsam zu erforschen, sondern sie von der Höhe gotterfüllter Wesen als bewußte Mitschaffer des Weltengeistes zu überblicken und Mithelfer ihrer Vollendung zu sein – um schließlich, am einstweilen erkennbaren ‚Ende‘ unserer Weltenwanderung... in Erfüllung unserer kosmischen Sendung... geläutert und durchgottet... heimzukehren ins flammende Allherz der Weltengottheit.

Von K. O. SCHMIDT

dessen Lebensbücher bisher einzeln bis zu acht Ausgaben und eine Gesamtauflage von 2 Millionen Exemplaren erreichten, seien den Lesern dieser Schrift besonders empfohlen:

I. Bücher, die zum inneren Leben und zur Erfahrung der geistigen Welt hinleiten:

Kinder des Kosmos. Friedrich von Schillers dynamische All-Einheitslehre.

Die Grals-Botschaft, 2. Auflage.

Bhagavad Gita. Das Hohelied der Tat. Vollständige Ausgabe dieses ältesten Lehrbuchs des Karma-Yoga mit Erläuterungen. 2. Auflage.

Tao-Teh-King. Weg-Weisung zur Wirklichkeit. Von *Lao-Tse.* Vollständige Ausgabe mit Erläuterungen.

Selbst-Erkenntnis durch Yoga-Praxis. Patanjali und die Yoga-Sutras. Der klassische Lehrgang, für den praktischen Gebrauch neu bearbeitet.

Brücken der Einheit von Ost und West. Ramakrishna, Vivekananda, Ramdas und Omkar als Lehrer neuen Denkens.

Weihestunden der Seele. Herzgedanken für jeden Tag des Jahres von Johannes Fernando Finck, Fra Tiberianus, I. C. Lavater und K. O. Schmidt. Ein Meditationsbrevier und Jahresführer.

Das Abendländische Totenbuch

Bd. I: *Und der Tod wird nicht mehr sein!* Jenseits-Erfahrung und Unsterblichkeits-Gewißheit. Eine Lebensschau von innen her. 2. Auflage.

Bd. II: *Wir leben nicht nur einmal!* Wiederverkörperung und Schicksals-Dynamik. Rückerinnerungen an frühere Leben. 4. erweiterte Groß-Ausgabe.

Kehret wieder, Menschenkinder! Tod und Wiederverkörperung als Lebensgesetz. Aus christlicher Sicht dargestellt. Mit Geleitwort von Dr. E. Bierski.

Vorgeburtliche Erziehung. Ihre Praxis und ihre Bedeutung für die Ehe, die Kleinkind-Erziehung und die Genialisierung des Menschen. Große Ausgabe.

II. Bücher, die zur Meisterung des äußeren Lebens verhelfen:

Ohne Furcht leben! Daseinsmeisterung durch Psycho-Elektronik. Geistige Selbsthilfe in allen Lebenslagen.

Atom-Energien der Seele. Gedankenmacht und Glaubenskraft als dynamische Lebenshilfen. 2. Auflage.

Neue Lebensschule für alle, die vorwärts wollen. Ein Jahresplan der Lebens- und Erfolgsbemeisterung in 52 Wochenlektionen. Ein grundlegender Lehrgang der Lebenskunst, mit Oberstufe: *Selbstverwirklichung und innere Führung.* Der Drei-Stufen-Weg zu schöpferischem Vollmenschentum. 8. Auflage, in 3 Bänden.

Mehr Macht über Leib und Leben. Von *Kant* und *Coué* zur modernen Psycho-Dynamik. Die Praxis positiver Selbstbefehle.

Richtig denken – richtig leben! Ein Optimisten-Brevier.

Gedanken sind wirkende Kräfte. Anleitungen zur Selbsterstarkung. 2. Auflage.

Ein neues Leben für das alte. Von den Gegenwartssorgen zu Erfolgen von morgen. 2. Auflage.

Magie der Freude. Wege zu froher Lebensgestaltung.

Der geheimnisvolle Helfer in Dir. Dynamik geistiger Selbsthilfe. Ein Brevier praktischer Lebenskunst. 7. Auflage.

Der innere Arzt. Einführung in Wesen und Praxis der geistigen Heilung. Mit Geleitwort von Dr. med. E. Bierski. 2. Auflage.

Sei geheilt! Die Heilwunder Jesu – auch heute möglich! Eine frohe Botschaft für alle Leidenden.

Heilströme und Kraftfelder des Geistes. Wesen und Fernwirkung der geistigen Heilkraft. 2. Auflage.

Seneca, der Lebensmeister. Daseinsüberlegenheit durch Gelassenheit.

Das Emerson-Brevier. Kraftgedanken zu geistiger Selbstführung.

Prentice Mulford: Einer, der es wagt! Leben und Werk des geistigen Vaters der modernen Psychodynamik. 4. Auflage.

III. Bücher, die zur Selbstverwirklichung und Sinnerfüllung des Lebens führen:

In Dir ist das Licht! Vom Ich-Bewußtsein zum Kosmischen Bewußtsein. Die großen Erleuchteten als Führer zur Vollendung. Die Erfahrung des Kosmischen Bewußtseins im Leben von 50 Mystikern, Heiligen und Vollendeten in Ost und West aus fünf Jahrtausenden. 2. Auflage.

Die Religion der Bergpredigt als Grundlage rechten Lebens. Worte des Vollendeten. 4. Auflage.

Meister Eckeharts Weg zum Kosmischen Bewußtsein. Die 10 Stufen des Weges zum Selbst-Erwachen. Ein Brevier praktischer Mystik.

Sei du selbst! Der Rosenkreuzer-Weg zur Selbstverwirklichung.

Der Weg zur Vollendung durch Meditation und Kontemplation. Ein Lehrbuch der Selbstharmonisierung. 3., erweiterte Auflage.

In Harmonie mit dem Schicksal. Ein Führer zu neuem Menschentum.

Dynamisierung. Der Schlüssel zum Glück. Wege zu einer neuen Arbeits- und Lebenskultur.

Du bist begabter, als Du ahnst! Latente Talente. Anleitungen zu ihrer Entfaltung und zur Steigerung der schöpferischen Leistungsfähigkeit.

Wunder der Willenskraft. Aktivierung der Aufbaukräfte der Seele. Eine Willensschule für jedermann.

Schönheit des Alters. Die zweite Leistungswelle. Altersreife und verlängerung. 3. Auflage.
verlängerung. 3. Aufl.

Der kosmische Weg der Menschheit und das Wassermann-Zeitalter.

Alle hier aufgeführten Bücher
erhalten Sie in Ihrer Buchhandlung oder durch

G. E. SCHROEDER-VERLAG

Abt. Versandbuchhandlung

D-2391 Kleinjörl bei Flensburg Tel.: (0 46 07) 230